MILADY'S. LIBRO DE
EJERCICIOS
PRÁCTICOS
REVISADO

MILADY'S. LIBRO DE
EJERCICIOS PRÁCTICOS

REVISADO

Para utilizarlo con
MILADY'S. TEXTO GENERAL DE COSMETOLOGÍA

Milady
Thomson Learning™

NOTA PARA EL LECTOR

Edición de revisión: Lisha Barnes

Para obtener más información, póngase en contacto con:
Milady Publishing Company
3 Columbia Circle, Box 12519
Albany, NY 12212-2519

Impreso en los Estados Unidos de América
y publicado simultáneamente en Canadá

  2 3 4 5 6 7 8 9 10 11 XXX 05 04 03 02 01 00

Library of Congress Catalog Card Number: 99–19654

ISBN: 1–56253–469–6
Edición Española: 1-56253-706-7

CONTENIDO

Cómo utilizar este libro de ejercicios

Milady's. Libro de ejercicios práctico se ha diseñado para ajustarse a las necesidades, intereses y habilidades de los alumnos que están estudiando cosmetología.

Este libro de ejercicios se debe utilizar con *Milady's. Texto general de cosmetología* (Revisado) y con *Milady's. Libro de ejercicios teórico*. Dicho libro sigue la información práctica del libro de texto del alumno. Las páginas que se deben leer y estudiar se encuentran en la lista que se presenta al principio de cada capítulo. La información teórica se puede encontrar en *Milady's. Libro de ejercicios teórico*.

Los estudiantes tienen que responder a cada pregunta de este libro de ejercicios con un lápiz, después de consultar el libro de texto para encontrar la información correcta. Las preguntas se pueden corregir y/o valorar entre toda la clase o de forma individual, o con un criterio de estudio independiente.

Se incluyen varias pruebas para resaltar cuestiones fundamentales del libro de texto y para evaluar el progreso del estudiante. También hay "Revisiones de vocabulario" para cada capítulo, que se deben utilizar como guías de estudio, para tratarlas en clase o para que el profesor asigne grupos de palabras con el fin de que el alumno las emplee a la hora de redactar ensayos creativos.

1

SU IMAGEN PROFESIONAL

Véase *Milady's. Libro de ejercicios teóricos*

2

BACTERIOLOGÍA

Véase *Milady's. Libro de ejercicios teóricos*

3

DESCONTAMINACIÓN Y CONTROL DE INFECCIONES

Véase *Milady's. Libro de ejercicios teóricos*

4

PROPIEDADES DEL CABELLO Y DEL CUERO CABELLUDO

Fecha _____

Calificación _____

Texto de las páginas 47-80

Aspecto a considerar:

"Muchos reciben consejos; sólo el sabio se beneficia de ellos". — Syrus

CUIDADO DEL CUERO CABELLUDO

1. ¿Cuáles son los dos requisitos básicos para un cuero cabelludo sano?

   a. <u>Limpieza</u>   b. <u>Estimulacion</u>

2. Explique la manera de mantener limpios el cuero cabelludo y el cabello.

   <u>Por medio de lavados y Tratamientos frequentes</u>

3. La manipulación del cuero cabelludo se realiza con movimientos continuos y regulares, los cuales:

   <u>Estimulara y relajará la tension del cliente.</u>

4. Para una mayor efectividad, los masajes en el cuero cabelludo deben aplicarse como una serie de tratamientos: <u>Una vez</u> por semana para cueros cabelludos normales y más <u>con más frequenci.</u> para aquellos con trastornos, bajo la dirección de un dermatólogo.

5. El conocimiento de los músculos, la ubicación de los vasos sanguíneos y las terminaciones nerviosas del cuero cabelludo y del cuello permitirá:

   <u>Le servirá de guia para obtener el mayor efecto de los movimientos del masaje.</u>

6. Explique la razón por la que las manos deben colocarse por debajo del cabello en cada movimiento de masaje.

   <u>De manera que pueda estimular los músculos, nervios y vasos sanguineos del cuero cabelludo con toda la extension de los dedos, las yemas y los pulpesos de las palmas.</u>

7. Clasifique las ilustraciones siguientes con las denominaciones correctas de los movimientos.

1. _M. Relasonte_

2. _M. Deslizonte_

3. _M. Deslizonte y_
Rotativo (Giratorio)

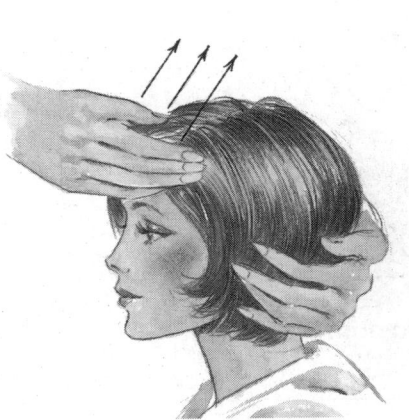
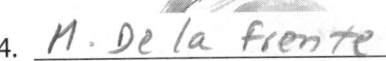

4. _M. De la frente_

5. _M. del cuero cabelludo_

6. _M. Línea del pelo_

7. _M. cuero cabelludo_
(_Delantero, frontal_)

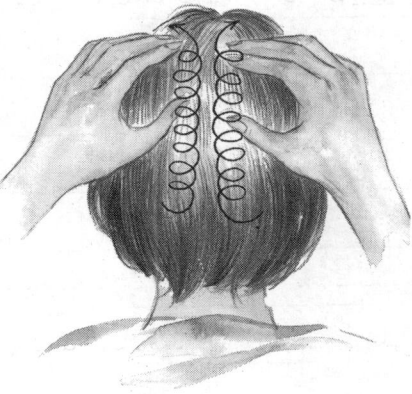

8. _M. cuero cabelludo_
(_Posterior_

9. _M. de oreja a oreja_

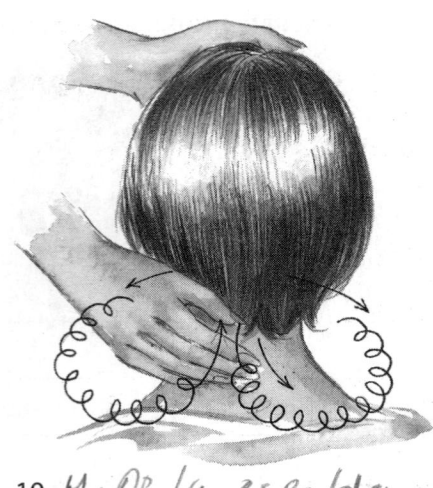 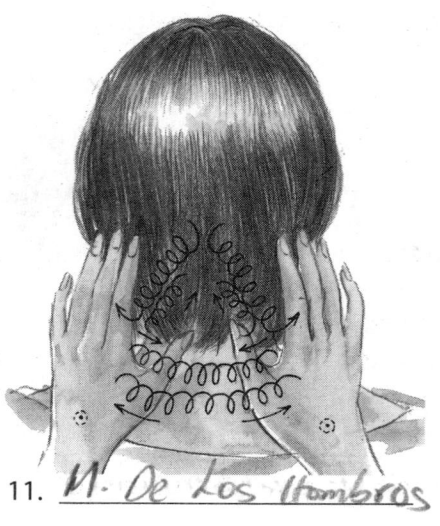 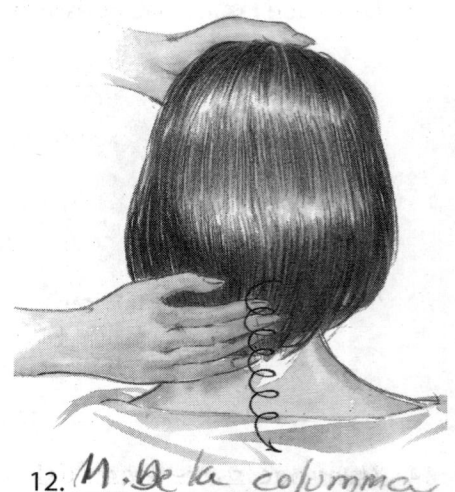

10. M. De la espalda   11. M. De los Hombros   12. M. De la columna

TRATAMIENTOS GENERALES PARA CABELLO Y CUERO CABELLUDO

8. Explique el propósito de un tratamiento general del cuero cabelludo.

   Mantener el cuero cabelludo y el cabello limpio y saludable.

9. Los tratamientos regulares del cuero cabelludo pueden: pueden Frenar Siertos tipos de caida del pelo

10. Mencione los diez pasos del tratamiento para cabello y cuero cabelludo normales.

   a. Prepare al cliente
   b. Sepille el cabello durante 5 minutos
   c. Aplique una crema al cuero cabelludo
   d. Aplique una lampara de infrarojos durante 5 minutos.
   e. Masajee el cuero cabelludo durante 10 ó 20 minutos.
   f. Lave el pelo
   g. Seque el pelo con una toalla para eliminar el exceso de Humedad
   h. Aplique una locion adecuada al cuero cabelludo.
   i. Aliste, seque y peine el cabello
   j. Limpie la zona de trabajo.

11. Explique cuándo debe aplicarse un tratamiento para cabello y cuero cabelludo secos.

   Cuando exista deficiencia de aceite natural en el cuero cabelludo y el pelo

12. Describa la clase de productos que se utilizan para el tratamiento del cabello y el cuero cabelludo secos.

Que contengan sustancias hidratantes y emolientes

13. Mencione la clase de productos que no deben utilizarse en el tratamiento del cabello y del cuero cabelludo secos.

a. _Aceite mineral_

b. _Sulfonado_

c. _preparados grasos_

d. _Lociones con alto contenido de alcohol_

14. Mencione los diez pasos del tratamiento para cabello y cuero cabelludo secos.

a. _Prepare al cliente_

b. _cepille el cabello durante 5 minutos_

c. _Aplique un preparado para este tipo de cuero cabelludo_

d. _Aplique el vaporizador de 7a 10 minu. y envuelva la cabeza con toa_ caliente entre 7 a 10 min.

e. _Lave con un champú suave._

f. _Seque el pelo y el cuero cabelludo cuidadosamente con una toalla._

g. _Aplique una pequeña cantidad de crema hidratante al cuero cabelludo con un movimiento de fricción giratorio._

h. _Estimule el cuero cabelludo con corriente directa de alta frecuencia utilizando el electrodo de cristal en forma de rastrillo durante 5 minutos._

i. _Aliste, seque y peine el cabello._

j. _Limpie la zona de trabajo._

15. ¿Cuál es la causa del exceso de grasa del cuero cabelludo y del cabello?

El exceso de grasa se produce por sobreactividad de las glándulas sebáceas.

16. Explique la manera de aumentar la circulación sanguínea del cuero cabelludo.

Manipule el cuero cabelludo amasándolo

17. Explique la manera en que la fuerza empleada para presionar y exprimir el cuero cabelludo lo benefician.

La grasa endurecida en los poros del cuero cabelludo se eliminara apretando y estrujando con la presion adecuada

18. Explique la manera de normalizar el funcionamiento de las glándulas sebáceas.

Para normalizar el funcionamiento de estas glándulas el exceso de grasa debe eliminarse en cada tratamiento.

19. Mencione los once pasos del tratamiento para cabello y cuero cabelludo grasos.

a. _Prepare al cliente_

b. _Cepille el cabello del cliente durante 5 minutos._

c. _Aplique al cuero cabelludo una loción medicinal con un copo de algodón._

d. _Aplique la lámpara de infrarrojos durante 5 min._

e. _Masajee el cuero cabelludo. (Opcional: se pueden utilizar corriente faradicas o sewidale_

f. _Lave con un champú corrector para cabello graso._

g. _Seque el cabello con una toalla._

h. _Aplique una corriente directa de alta frecuencia entre 3 y 5 min._

i. _Aplique un astringente al cuero cabelludo._

j. _Aliste, seque y peine el cabello._

k. _Limpie la zona de trabajo_

20. Explique cuándo no debe utilizarse demasiada corriente de alta frecuencia.

En cabello tratado con tónicos o lociones que contengan alcohol

21. ¿En qué se diferencian un tratamiento correctivo del cabello y un tratamiento del cuero cabelludo?

_____

22. ¿Qué clase de producto debe utilizarse para suavizar con rapidez el cabello seco?

_____

23. Enumere los siete pasos del tratamiento corrector del cabello.

a. _____

b. _____

c. _____

d. _____

e. _____

f. _____

g. _____

CAÍDA DEL CABELLO

24. Más de _____ personas padecen alopecia en los Estados Unidos.

25. Los científicos creen que aproximadamente un _____ de la caída del cabello en hombres y mujeres está provocada por un trastorno progresivo denominado _____ o caída del cabello hereditaria normal.

26. El gene de la alopecia androgenética puede heredarse de cualquiera de las ramas de la familia o de ambas. La que padecen los hombres se denomina _____ y en general progresa hacia la conocida franja de cabello en forma de herradura. La que padecen las mujeres produce un _____ afinamiento del cabello en la zona _____ de la cabeza.

27. Para que se produzca la alopecia androgenética deben combinarse tres cosas, a fin de que se encojan determinados folículos del cuero cabelludo. ¿Cuáles son?

    a. _____   b. _____

    c. _____

28. Cuando se sufre de alopecia androgenética, con el paso del tiempo la fase de crecimiento activo se _____ y la de reposo _____.

29. El proceso de caída del cabello es una conversión gradual de folículos de cabello _____ a folículos de cabello _____.

30. Concordancia: *Utilizando las letras AA, DT, AT o AP (según se definen a continuación), concuerde las características que siguen con la clase de caída del cabello correcta.*

    Ejemplo:

    AA = Alopecia areata

    DT = Desprendimiento telogénico

    AT = Alopecia por tracción o traumática

    AP = Alopecia de postparto

    Características:

    _____ 1. muda prematura del cabello durante la fase de reposo

    _____ 2. caída parcial o difusa del cabello

    _____ 3. caída del cabello repentina en parches redondos o irregulares

    _____ 4. caída temporal del cabello después del embarazo

    _____ 5. el cuero cabelludo no está inflamado

    _____ 6. se produce después de la aplicación excesiva de productos químicos

    _____ 7. se produce si se sigue una dieta de choque demasiado baja en proteínas

    _____ 8. la caída del cabello disminuye a medida que se normalizan los niveles hormonales

31. Si la caída del cabello se detecta _____ habrá _____ posibilidades de curarla.

32. ¿Qué persona es la más apta para detectar los signos primeros de la caída del cabello y para recomendar un tratamiento?

_____

33. ¿Cómo determina el cosmetólogo si el cliente padece de alopecia androgenética?

_____

_____

34. ¿Cómo distingue cabellos miniaturizados de aquellos que han sido cortados?

_____

35. Si un cliente padece una caída repentina o parcial del cabello, ¿qué haría usted?

_____

36. ¿Quién desarrolló un método universal para clasificar y registrar las variaciones de formas y densidad de la alopecia androgenética? _____

37. Las escalas de Savin proporcionan los medios, ¿para hacer qué cosa?

_____

38. De acuerdo con esta escala de valoración, defina forma:

_____

defina densidad:

_____

39. Mencione tres servicios diferentes que un cosmetólogo puede ofrecer a un cliente que padezca alopecia androgenética:

a. _____   b. _____

c. _____

40. Mencione los dos tratamientos efectivos contra la caída del cabello.

a. _____   b. _____

41. La solución tópica probada médicamente que permite que vuelva a crecer el cabello se denomina

_____

42. Explique la manera en que actúa el minoxidil:

_____

_____

43. Mencione los cuatro factores que favorecen el crecimiento del cabello con minoxidil:

    a. _____

    b. _____

    c. _____

    d. _____

44. El minoxidil es un _____ para la caída del cabello, no un _____.

45. La píldora de prescripción diaria que se receta para el tratamiento de la alopecia androgenética sólo en hombres se denomina:

    _____

46. Mencione tres opciones quirúrgicas a las que pueden someterse los hombres que sufren de caída del cabello.

    a. _____   b. _____

    c. _____

TRASTORNOS DEL CUERO CABELLUDO

47. Mencione una circunstancia natural que se confunde, con frecuencia, con la caspa.

    _____

CASPA

48. Describa la caspa:

    _____

49. ¿Cuál es el término médico para la caspa? _____

50. Si se descuida, la caspa excesiva puede conducir a _____.

51. Mencione una causa directa de la caspa. _____

52. Mencione seis causas indirectas o asociadas de la caspa.

    a. _____

    b. _____

    c. _____

    d. _____

    e. _____

    f. _____

53. Mencione dos causas que contribuyen a la caspa:

    a. _____

    b. _____

54. Mencione los dos tipos principales de caspa.

    a. _____

    b. _____

55. Describa la pitiriasis: _____

    _____

56. Mencione cinco maneras de tratar la pitiriasis capitis simplex.

    a. _____   b. _____

    c. _____   d. _____

    e. _____

57. Describa la pitiriasis steatoides. _____

    _____

58. Puede producir picor, lo que obliga a rascarse el cuero cabelludo. Si las escamas grasas se rompen, pueden sangrar o exudar sebo. En tal caso, ¿qué tratamiento es el adecuado?

    _____

59. Ambas formas de caspa se consideran _____ y pueden propagarse por el uso _____ de cepillos, peines y otros artículos.

60. Mencione los siete pasos para el tratamiento de la caspa.

   a. _____

   b. _____

   c. _____

   d. _____

   e. _____

   f. _____

   g. _____

   h. _____

   i. _____

   j. _____

   k. _____

INFECCIONES POR PARÁSITOS VEGETALES

61. El término médico para la tiña es _____ .

62. Identifique la causa de la tiña. _____

63. Mencione cuatro medios de transmisión de la tiña.

   a. _____

   b. _____

   c. _____

   d. _____

64. El nombre común de la tinea capitis es _____ .

65. Describa la tinea capitis.

   _____

   _____

   _____

66. A la tinea favosa se la denomina también _____ o _____ .

67. Describa la tinea favosa.

_____

_____

_____

68. Explique la razón por la que debe ser un médico quien trate la tinea favosa._____

_____

INFECCIONES POR PARÁSITOS ANIMALES

69. Describa la sarna. _____

70. La sarna es causada por el _____.

71. Mencione dos razones para la formación de vesículas y pústulas.

    a. _____   b. _____

72. La pediculosis capitis es una enfermedad contagiosa causada por el _____.

73. Explique cómo puede producirse una infección. _____

_____

74. Explique la forma de transmisión de la pediculosis capitis.

_____

_____

75. Para matar los piojos de la cabeza, aconseje al cliente que se aplique_____
    en toda la cabeza antes de acostarse. A la mañana siguiente, el cliente debe lavarse el cabello con

_____.

76. No deberán tratarse nunca los piojos de la cabeza en el _____ o en la _____.

INFECCIONES POR ESTAFILOCOCOS

77. ¿Cuál es la denominación común del forúnculo? _____

78. Describa el forúnculo. _____

79. Describa el carbunclo. _____

REVISIÓN DE VOCABULARIO

ácaros	electrodo de cristal	pápulas
alopecia androgenética	epidermis	parásito
alopecia areata	epitelial	pediculosis
alopecia de postparto	escamas	piojo
alopecia por tracción	escútula	pitiriasis
alopecia traumática	estafilococo	pústula
carbunclo	farádico	sarna
caspa	forúnculo	sebáceo
contagioso	frecuencia	sebo
córneas lámpara	hongo	tiña
correctivo	infrarroja	vesícula
dermatólogo	macho forma calva	
desprendimiento telogénico	masajes	

PRUEBA DE CONCORDANCIA

Coloque el término o la frase correctos delante de cada definición.

alopecia androgenética	escútula	sarna
alopecia areata	forúnculo	tinea
alopecia de postparto	pediculosis capitis	tinea capitis
carbunclo	pitiriasis	vesícula
epidermis	pitiriasis capitis simplex	
epitelial	pitiriasis steatoides	

1._____ el tipo graso o ceroso de caspa

2._____ células ubicadas en la superficie de la piel

3._____ la forma más común de caída del cabello

4._____ tiña del cuero cabelludo

5._____ término médico para la caspa

6._____ una enfermedad contagiosa de la piel causada por un ácaro que produce picazón

7._____ término médico para un forúnculo

8._____ caída súbita de cabello en parches redondos

9._____ el término médico para la tiña

10. _____ el tipo seco de caspa

11. _____ la capa más superficial de la piel

12. _____ enfermedad contagiosa causada por el piojo de la cabeza

PRUEBA DE REVISIÓN RÁPIDA

Coloque la palabra correcta en el espacio libre de cada una de las oraciones que siguen.

androgenética	grasa	por debajo
cabello	hongo	regulares
calvicie	manipulaciones	sebáceas
contacto	médico	secos
contagiosas	médula	sobre
corteza	no contagiosa	trastornos
excesivos	no esterilizados	
folículo	persona	

1. Los piojos de cabeza se transmiten de una _____ a otra por _____ con artículos personales infestados.

2. Si se abandona, una caspa excesiva puede conducir a la _____.

3. _____ en el cuero cabelludo se realizan en todos los tratamientos.

4. El exceso de grasa está motivado por una _____ actividad de las glándulas _____.

5. Un forúnculo es una infección aguda por estafilococos de un _____ piloso.

6. Se considera que ambas formas de caspa son_____.

7. Cuarenta millones de hombres y veinte millones de estadounidenses sufren de alopecia _____.

8. La tinea se transmite normalmente por escamas de cabello que contienen _____.

9. Las manipulaciones del cuero cabelludo se dan con las manos _____ del cabello.

10. Para la pitiriasis steatoides se recomienda un tratamiento _____.

11. Un cuero cabelludo sano y limpio resistirá diferentes_____.

12. Un déficit de la _____ natural produce un cabello y un cuero cabelludo_____.

13. Los tratamientos del cuero cabelludo _____ ayudan a prevenir la calvicie.

14. Los artículos _____ son fuentes de transmisión de enfermedades contagiosas.

15. El calor ayuda a que ciertos acondicionadores penetren en el _____.

PRUEBA DE OPCIÓN MÚLTIPLE

Lea con detenimiento cada oración, luego escriba en el espacio libre de la derecha la letra que representa la palabra o frase que completa la expresión.

1. La muda natural de la capa superior del cuero cabelludo no debe confundirse con:

   a) alopecia
   c) sarna

   b) pitiriasis
   d) tinea

   _____

2. Para cueros cabelludos normales, se recomienda una sesión de masajes:

   a) una vez a la semana
   c) una vez al mes

   b) dos veces al mes
   d) dos veces al año

   _____

3. Cuando se padece de tinea capitis, las manchas se esparcen y el cabello:

   a) adquiere más brillo
   c) se quiebra

   b) se vuelve más fuerte
   d) se decoloren

   _____

4. Las causas que contribuyen a la caspa son el uso de champús fuertes y un insuficiente:

   a) secado
   c) cobertura

   b) corte
   d) enjuagador

   _____

5. El tratamiento para cabello y cuero cabelludo grasos incluye la manipulación del cuero cabelludo a fin de aumentar:

   a) el flujo de sebo
   c) la circulación sanguínea

   b) el flujo de sudor
   d) la actividad muscular

   _____

6. La causa de la pediculosis capitis es:

   a) un gusano redondeado
   c) un parásito animal

   b) un insecto redondeado
   d) un parásito vegetal

   _____

7. Cuando se sufre de tinea favosa, las costras secas, de color amarillo azufre y forma de copa que se forman en el cuero cabelludo tienen:

   a) un olor peculiar
   c) un olor dulce

   b) un aroma agradable
   d) no tienen olor

   _____

8. La forma más común de caída del cabello es la:

   a) alopecia prematura
   c) alopecia areata

   b) alopecia androgenética
   d) alopecia de postparto

   _____

9. Los tratamientos correctores del cabello son especialmente beneficiosos cuando se aplican una semana antes y una después de:

   a) un lavado con champú
   c) unas vacaciones

   b) un secado de cabello con secador
   d) un servicio químico

   _____

10. Ante cualquiera de las formas de tiña se debe recurrir a:

    a) otro cosmetólogo
    c) un médico

    b) otro salón
    d) un abogado

    _____

11. Un requisito básico para un cuero cabelludo sano es:

    a) una dieta pobre
    c) el uso de químicos fuertes

    b) una mala circulación
    d) la limpieza

    _____

12. Todos los tratamientos del cuero cabelludo incluyen el cepillado del cabello del cliente durante:

    a) 2 minutos   b) 5 minutos
    c) 10 minutos   d) 15 minutos   _____

13. La muda prematura del cabello durante la fase de reposo se denomina:

    a) alopecia por tracción   b) desprendimiento telogénico
    c) alopecia de postparto   d) alopecia traumática   _____

14. La causa de la tiña es:

    a) un gusano redondeado   b) un insecto redondeado
    c) un parásito animal   d) un parásito vegetal   _____

15. Los clientes con cabello y cuero cabelludo secos no deben utilizar:

    a) jabones fuertes   b) jabones suaves
    c) cremas hidratantes   d) emolientes   _____

16. No debe utilizarse corriente de alta frecuencia en cabellos tratados con tónicos o lociones que tengan:

    a) un olor dulce   b) un olor acre
    c) consistencia acuosa   d) alcohol   _____

17. Un tratamiento corrector del cabello trata:

    a) el cuero cabelludo   b) el tallo del cabello
    c) el folículo piloso   d) las glándulas sebáceas _____

18. La pitiriasis steatoides es una condición en la que las escamas aparecen mezcladas con:

    a) polvo   b) suciedad
    c) sebo   d) sudor   _____

19. Las manipulaciones del cuero cabelludo que relajan la tensión del cliente se aplican con:

    a) movimientos continuos y uniformes   b) movimientos lentos y palmaditas
    c) movimientos rápidos y de amasado   d) movimientos rápidos y palmaditas   _____

20. Para matar el piojo de la cabeza, aconseje al cliente que se aplique _____ u otra medicación similar en toda la cabeza antes de acostarse.

    a) alcohol   b) un antiséptico
    c) champú germicida   d) tintura de espuela de caballero   _____

21. El término médico para la caspa es:

    a) alopecia   b) pitiriasis
    c) sarna   d) tinea   _____

22. En muchos tratamientos del cuero cabelludo se coloca al cliente bajo la lámpara de rayos infrarrojos durante:

    a) 2 minutos   b) 5 minutos
    c) 10 minutos   d) 15 minutos   _____

23. La caída súbita del cabello en parches redondos o irregulares se denomina:

   a) alopecia androgenética   b) alopecia por tracción

   c) alopecia areata   d) alopecia de postparto   _____

24. Los productos que se utilizan para suavizar los cabellos secos, en general, contienen:

   a) alcohol   b) amoníaco

   c) cloro   d) colesterol   _____

25. La causa de la sarna es:

   a) un gusano redondeado   b) un insecto redondeado

   c) un parásito animal   d) un parásito vegetal   _____

Véase también *Milady´s. Libro de ejercicios teóricos.*

5

COBERTURAS

Fecha _____

Calificación _____

Texto de las páginas 81-85

Aspecto a considerar

"El secreto de la felicidad no reside en hacer lo que uno quiere, sino en querer lo que uno hace".
— James M. Barrie

INTRODUCCIÓN

1. Explique por qué es necesario proteger la piel y la ropa de los clientes.

   _____

   _____

2. ¿Qué determina el método de cobertura?

   _____

3. Mencione los seis pasos necesarios antes de cubrir al cliente para cualquier servicio.

   a. _____

   b. _____

   c. _____

   d. _____

   e. _____

   f. _____

4. Explique el propósito de la toalla o banda de cuello.

   _____

COBERTURA PARA SERVICIOS CON EL CABELLO MOJADO

5. Describa la manera de colocar la primera toalla cuando se realiza una cobertura para servicios con el cabello mojado.

   _____

6. Describa la manera de colocar la capa.

   _____

7. Describa la manera de colocar la segunda toalla. _____

   _____

8. Explique por qué, cuando se va a realizar un corte de cabello, se reemplaza la toalla por una banda de cuello.

   _____

COBERTURA PARA SERVICIOS QUÍMICOS

9. Describa la manera de colocar la toalla cuando se va a realizar una cobertura para servicios químicos.

   _____

   _____

10. Describa la manera de colocar la capa.

    _____

11. Describa la manera de ajustar y cruzar la toalla para completar la cobertura.

    _____

12. Explique el propósito de aplicar una crema protectora alrededor del nacimiento del cabello antes de aplicar productos químicos.

    _____

COBERTURA PARA SERVICIOS CON EL CABELLO SECO

13. Mencione los tres pasos necesarios para cubrir un cliente para un moldeado térmico.

    a. _____

    b. _____

    _____

    c. _____

14. Mencione qué es lo que no debe tocar el cuello del cliente. _____

15. Mencione los dos pasos necesarios para cubrir a un cliente para un peinado.

    a. _____

    b. _____

    _____

REVISIÓN DE VOCABULARIO

banda de cuello	crema protectora	obstrucción
capa	irritación cutánea	
cobertura	longitud	

PRUEBA DE REVISIÓN RÁPIDA

Coloque la palabra correcta en el espacio libre de cada una de las oraciones que siguen.

antes	descubierta	sanitarias
banda de cuello	después	seco
cabello	encima	toalla
capa	mojado	
cuello	nacimiento del cabello	

1. El propósito de la toalla o banda de cuello es por razones _____.

2. Cuando se realiza una cobertura para servicios químicos, la capa se coloca sobre la _____.

3. Se deben quitar todos los elementos del cabello del cliente _____ de realizar la cobertura.

4. Cuando se realiza una cobertura para peinado, la capa se coloca sobre la _____.

5. La crema protectora se aplica alrededor de la _____.

6. Cuando se realiza una cobertura para cabello mojado, la capa se coloca _____ la primera toalla.

7. Cuando se realiza un corte de cabello, debe permitirse que el _____ caiga naturalmente, sin obstrucciones.

8. Cuando se realiza una cobertura para cabello seco, la parte _____ de la banda de cuello se dobla sobre la capa.

9. La _____ no debe tocar la piel del cliente.

10. Cuando se realiza una cobertura para cabello _____, se coloca otra toalla sobre la capa.

PRUEBA DE OPCIÓN MÚLTIPLE

Lea con detenimiento cada oración, luego escriba en el espacio libre de la derecha la letra que representa la palabra o frase que completa la expresión.

1. El propósito de la cobertura es proteger algo del cliente:

   a) el cabello

   c) la cara

   b) el cuero cabelludo

   d) la piel y la ropa _____

2. Antes de realizar una cobertura, se protege el cuello de la ropa del cliente:

   a) doblándolo para adentro

   c) cubriéndolo con una tela

   b) doblándolo para afuera

   d) cubriéndolo con una bolsa de plástico _____

3. Cuando se realiza una cobertura para cabello mojado, la primera toalla se coloca longitudinalmente cruzando:

   a) la cabeza del cliente

   c) la cara del cliente

   b) los hombros del cliente

   d) la espalda del cliente _____

4. La aplicación de una crema protectora evita una irritación de la piel producida por:

   a) el agua

   c) los acondicionadores

   b) los champús

   d) los químicos para el cabello _____

5. Antes de realizar una cobertura para cualquier clase de servicio, el cosmetólogo debe esterilizar:

   a) sus manos

   c) el cuero cabelludo del cliente

   b) el cuello del cliente

   d) las joyas del cliente _____

6. Cuando se realiza una cobertura para cabello seco, la capa se coloca sobre:

   a) la piel del cliente

   c) una banda de cuello

   b) una toalla

   d) una banda de cuello y una toalla _____

7. Cuando se va a realizar un corte de cabello, debe quitarse la toalla después del lavado y reemplazarla con:

   a) otra toalla

   c) una banda de cuello

   b) una capa de plástico

   d) una capa de tela _____

8. Antes de realizar una cobertura, el cliente debe quitarse todas las joyas y:

   a) guardarlas

   c) ponerlas en su regazo

   b) ponerlas en el puesto de trabajo

   d) ponerlas en la cubeta de lavado _____

9. Cuando se realiza una cobertura para cabello mojado, la segunda toalla se coloca:

   a) debajo de la capa

   c) sobre la primera toalla

   b) sobre la capa

   d) sobre la banda de cuello _____

10. Cuando se realiza una cobertura para cualquier clase de servicio, es necesario que la capa:

   a) parezca atractiva

   c) toque la piel del cliente

   b) esté a la moda

   d) no toque la piel del cliente _____

6
LAVADO, ENJUAGADO Y ACONDICIONADO

Aspecto a considerar

Encárguese de su educación. Debe comprender que ésta es SU vida, ni la de su profesor, ni la de sus padres, ni la de su cónyuge. Nadie puede hacerle aprender.

INTRODUCCIÓN

1. Explique la razón por la que un buen lavado sienta las bases para una visita con éxito al salón.

    _____

    _____

2. Mencione el objetivo principal de un lavado. _____

3. Explique qué debe lograr el lavado para que sea efectivo.

    _____

    _____

4. Explique el propósito de analizar el cabello y el cuero cabelludo del cliente antes del lavado.

    _____

5. Mencione cómo debe tratarse a un cliente con una enfermedad infecciosa.

    _____

6. Explique cómo la carencia de un lavado regular contribuye a alteraciones del cuero cabelludo.

    _____

    _____

7. Especifique con qué frecuencia debe lavarse el cabello.

    _____

8. Mencione el tipo de cabello que necesita lavarse con más frecuencia.

    _____

AGUA

9. Mencione la composición química del agua. _____

10. Describa el agua suave.

   _____

   _____

11. Describa el agua dura.

   _____

SELECCIÓN DEL CHAMPÚ CORRECTO

12. Explique la razón por la que los cosmetólogos deben aprender la composición y la acción de un champú.

   _____

13. Explique cómo los cosmetólogos pueden tomar decisiones con conocimiento de causa respecto de la composición y la acción de un champú.

   _____

14. Mencione siete estados del cabello que no se consideran normales.

   a. _____

   b. _____

   c. _____

   d. _____

   e. _____

   f. _____

   g. _____

MATERIALES Y UTENSILIOS NECESARIOS

15. Indique qué sucede cuando un cosmetólogo no reúne todos los elementos necesarios antes de comenzar con el lavado del cabello.

    _____

16. Mencione seis materiales y utensilios necesarios para un lavado.

    a. _____   b. _____

    c. _____   d. _____

    e. _____   f. _____

CEPILLADO

17. Describa las cerdas naturales y explique cúando se recomienda su uso.

    _____

    _____

18. Describa las cerdas de nylon y explique cúando se recomienda su uso.

    _____

19. Mencione dos situaciones en las que no se debe realizar un cepillado a fondo.

    a. _____   b. _____

20. Mencione tres efectos favorables del cepillado.

    a. _____

    b. _____

    c. _____

21. Identifique la medida de las secciones del cabello que se emplean para el cepillado. _____

PROCEDIMIENTO DE LAVADO

22. Mencione los doce pasos necesarios para la preparación del lavado.

    a. _____

    b. _____

    c. _____

    d. _____

    e. _____

    f. _____

    g. _____

    h. _____

    i. _____

    j. _____

    k. _____

    l. _____

23. Describa la manera de ajustar la temperatura del agua.

    _____

    _____

24. Describa la manera de comprobar la temperatura del agua. _____

25. Describa la manera de controlar la temperatura del agua.

    _____

26. Mencione el primer paso del procedimiento del lavado.

    _____

27. Describa las funciones de la mano que queda libre mientras se moja el cabello.

    _____

    _____

28. Mencione el segundo paso del procedimiento del lavado.

    _____

29. Identifique la zona de la cabeza donde se comienza con la aplicación del champú. _____

30. Mencione la parte de los dedos que se utiliza para producir espuma. _____

31. Menciones tres situaciones en que se debe usar presión al masajear el cuero cabelludo.

    a. _____

    b. _____

    c. _____

32. Mencione el tercer paso del procedimiento del lavado. _____

33. Describa la clase de movimiento que se utiliza para manipular el cuero cabelludo.

_____

34. Mencione la manera de controlar la cabeza del cliente mientras se lava la parte posterior.

_____

35. Explique la manera de dar movimientos rotatorios tras haber permitido que la cabeza del cliente se relaje.

_____

36. Explique cómo eliminar el exceso de champú y de espuma. _____

37. Mencione el cuarto paso del procedimiento del lavado.

_____

38. Explique cómo rociar con un chorro fuerte de agua la base del cuero cabelludo.

_____

39. Mencione el quinto paso del procedimiento del lavado. _____

40. Explique por qué se necesita menos champú en la segunda aplicación.

_____

41. Mencione el sexto paso del procedimiento del lavado. _____

42. Mencione qué se quita del cabello y se pone en la cubeta de lavado. _____

43. Describa la manera de quitar el exceso de humedad de la cara y las orejas del cliente.

_____

44. Explique cómo terminar de secar el cabello con la toalla.

_____

_____

45. Explique cómo peinar el cabello después del lavado.

_____

46. Mencione los cinco pasos necesarios para la limpieza.

   a. _____

   b. _____

   c. _____

   _____

   d. _____

   e. _____

LAVADO DEL CABELLO TRATADO QUÍMICAMENTE

47. Especifique el tipo de champú recomendado para el cabello tratado químicamente.

_____

48. Explique la manera de desenredar el cabello tratado químicamente.

_____

_____

REVISIÓN DE VOCABULARIO

brillo	esterilizar	profesionalismo
capa de lavado	humedecer	relajante
cerdas	infeccioso	saturar
composición	manipular	sensible
desinfectante	masaje	temperatura
enjuague	minerales	
espuma	presión	

PRUEBA DE REVISIÓN RÁPIDA

Coloque la palabra correcta en el espacio libre de cada una de las oraciones que siguen.

aclarado	exposición	respaldo
alcohol	frente	seco
cepillado	graso	sensible
champús	hidrógeno	temperatura
desinfectante	naturales	trastornos
ducha	nitrógeno	yemas
enfermedades	normal	
estimular	químico	

1. No se considera _____ el cabello que ha sido dañado por exposición a los elementos.

2. Es necesario analizar el cabello y el cuero cabelludo del cliente y comprobar si hay enfermedades o _____.

3. El agua está compuesta de _____ y oxígeno.

4. Cuando se va a realizar un lavado, la capa de lavado se coloca sobre el _____ de la silla.

5. El cepillado contribuye a _____ la circulación sanguínea del cuero cabelludo.

6. El lavado se realiza con las _____ de los dedos.

7. No debe cepillarse a clientes que van a recibir un servicio _____.

8. Se recomiendan los cepillos de cerdas _____ para el cepillado.

9. Las manipulaciones comienzan en el nacimiento del cabello de la _____.

10. Los peines y cepillos se limpian eliminando el cabello, lavándolos con agua caliente y jabón y luego colocándolos en un _____ húmedo.

11. No debe usarse presión al masajear el cuero cabelludo de un cliente si el cuero es _____.

12. El cabello no se considera normal si ha sido _____, teñido o matizado.

13. En general, el cabello _____ debe lavarse con más frecuencia que el normal o el seco.

14. La temperatura del agua debe vigilarse constantemente, manteniendo un dedo en el borde de la_____.

15. Las alteraciones del cuero cabelludo pueden producirse cuando la grasa y el sudor se mezclan con las escamas naturales y la suciedad, ofreciendo un campo de cultivo para bacterias productoras de _____.

PRUEBA DE OPCIÓN MÚLTIPLE

Lea con detenimiento cada oración, luego escriba en el espacio libre de la derecha la letra que representa la palabra o frase que completa la expresión.

1. El objetivo principal del lavado es:

   a) facilitar el peinado
   c) facilitar el cepillado
   b) tratar los trastornos del cuero cabelludo
   d) lavar el cabello y el cuero cabelludo   _____

2. Los cepillos de cerdas naturales se recomiendan para realizar:

   a) cepillados
   c) estilos
   b) diseños
   d) trenzas   _____

3. La capacidad de un champú de producir espuma se reduce cuando se utiliza:

   a) agua suave
   c) ondas permanentes
   b) agua dura
   d) transparencias   _____

4. ¿En qué lugar de la cabeza se aplica el champú primero?

   a) en el nacimiento del cabello
   c) en la nuca
   b) en la coronilla
   d) en la zona superior de la cabeza   _____

5. Un cliente con una enfermedad infecciosa debe enviarse a:

   a) otro cosmetólogo
   c) un médico
   b) otro salón
   d) sus parientes   _____

6. Antes del aclarado, debe quitarse el exceso de champú y de espuma:

   a) con el secador de cabello
   c) secándolo
   b) enjuagándolo
   d) escurriéndolo   _____

7. Después del lavado, las toallas usadas se colocan:

   a) en el suelo
   c) en un rincón
   b) en el puesto de trabajo
   d) en la cesta de las toallas   _____

8. Las secciones que se utilizan para cepillar el cabello deben medir aproximadamente:

   a) 0,6 cm
   c) 2,5 cm
   b) 1,25 cm
   d) 5 cm   _____

9. Al ajustar la temperatura del agua, los cosmetólogos deben abrir primero:

   a) el agua fría
   c) el agua templada
   b) el agua tibia
   d) el agua caliente   _____

10. Los cabellos tratados químicamente necesitan:

    a) un champú alcalino
    c) un champú suave
    b) un champú medicinal
    d) un champú fuerte   _____

7

CORTE DEL CABELLO

Fecha _____

Calificación _____

Texto de las páginas 99-126

Aspecto a considerar

"Hay algo curioso sobre la vida; si te niegas a aceptar todo lo que no sea lo mejor, generalmente lo obtienes".

— Somerset Maugham

INTRODUCCIÓN

1. Explique la importancia de un buen corte de cabello.

   _____

2. Los estilos de peinado deben _____ los puntos fuertes del cliente y _____ sus razgos poco atractivos.

3. Mencione siete factores que deben tenerse en cuenta al elegir un estilo de peinado adecuado.

   a. _____   b. _____

   c. _____   d. _____

   e. _____   f. _____

   g. _____

ELEMENTOS BÁSICOS DEL CORTE DEL CABELLO

4. Concordancia: *Busque la concordancia entre los términos de la izquierda y las descripciones de la derecha.*

_____ 1. Corte en bisel — A. cada partición se corta un poco más larga que la anterior

_____ 2. Corte recto — B. una zona de amontonamiento del cabello en la parte exterior, cortada en elevaciones bajas o medianas

_____ 3. Elevación — C. divisiones del cabello hechas antes del corte

_____ 4. Graduado — D. sostener las tijeras formando un ángulo con el mechón de cabello que no sea de 90 grados

_____ 5. Guía — E. ángulo de separación del cabello con respecto a la cabeza para el corte

_____ 6. Corte en capas — F. cortar con la punta de las tijeras a fin de dar textura a las puntas

_____ 7. Entallado — G. grado de tirantez del cabello cuando se sujeta al realizar un corte

_____ 8. Partición — H. subdivisión de una sección utilizada por control

_____ 9. Secciones — I. nivel al que quedan las puntas del cabello

_____ 10. Tensión — J. corte perpendicular del mechón de cabello

_____ 11. Corte subyacente — K. cada subsección cortada un poco más corta que la guía

_____ 12. Línea de peso — L. sección de cabello que determina la longitud en que se cortará

5. Mencione brevemente las nueve reglas generales del corte de cabello.

a. _____

b. _____

c. _____

d. _____

e. _____

f. _____

g. _____

h. _____

i. _____

j. _____

6. Explique por qué el cabello debe mojarse, secarse o humedecerse de manera uniforme cuando va a cortarse.

_____

_____

7. Explique por qué debe ejercer una tensión uniforme al cortar el cabello.

_____

_____

8. Explique por qué no debe cortar nunca el cabello después de la segunda falange.

_____

_____

9. Concordancia: *Busque la concordancia entre los términos de la izquierda y las descripciones de la derecha.*

_____ 1. Tijeras	A. corta el cabello con el filo suave
_____ 2. Tijeras de entresacar	B. mide de 15 a 20 cm y tiene tanto púas separadas como próximas
_____ 3. Navaja	C. se utiliza para quitar volumen al cabello
_____ 4. Maquinillas	D. se utiliza para lograr un corte recto
_____ 5. Afeitadoras	E. se utiliza para suavizar los bordes con el corte con tijeras
_____ 6. Peine de uso general	F. se utiliza para cortar mechones más cortos en la nuca y en los lados con la técnica de tijeras sobre peine
_____ 7. Peine de barbero	G. se utiliza para sujetar mechones cortos con rapidez
_____ 8. Peine de púas separadas	H. se utiliza para quitar el cabello superfluo y para trazar líneas rectas alrededor del perímetro de un mechón corto

10. Indique las partes de la navaja recta.

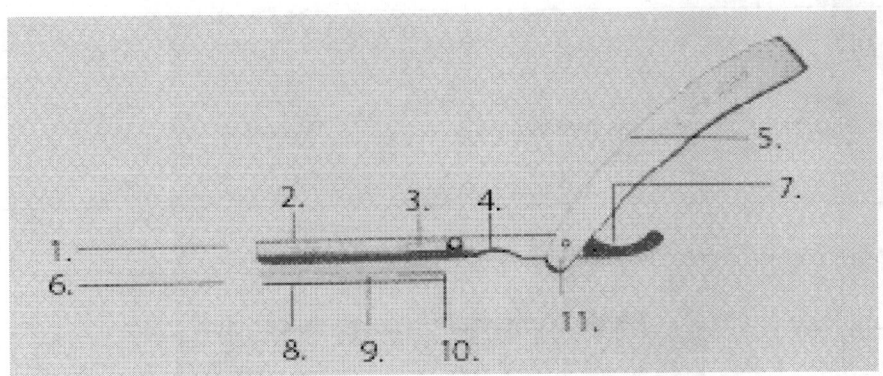

1. _____

2. _____

3. _____

4. _____

5. _____

6. _____

7. _____

8. _____

9. _____

10. _____

11. _____

11. Explique cómo se utiliza la geometría en un corte de cabello.

_____

12. Los círculos se miden en _____. Un círculo completo mide _____. La cantidad de _____ a la cabeza se mide también en _____.

13. Dos o más líneas que no se encuentran en el espacio se denominan _____.

14. Dos líneas que se intersectan en un ángulo de 90 grados se denominan líneas _____. Esto describe la elevación del cabello cuando se sostiene a _____ de la cabeza.

15. Las líneas _____ son aquellas paralelas al suelo. Tales líneas se utilizan en cortes de _____ _____ elevación.

16. Las líneas perpendiculares al suelo son las _____. Tales líneas se utilizan para cortes de _____ elevación.

17. Las líneas que se cruzan de manera vertical y horizontal son las _____. Tales líneas se utilizan en los cortes mixtos y de diseño especial.

18. Durante el corte, debe sostener tanto el peine como las tijeras. Explique la razón por la que no debe soltar el peine. _____

19. Al sostener las tijeras, ¿qué dedo se introduce en el asidero de la hoja fija?

_____

20. ¿Dónde se coloca el pulgar cuando se sostiene una tijera? _____

21. Describa cómo afianzar las tijeras.

_____

_____

_____

22. ¿Cuál es el objetivo de afianzar las tijeras? _____

23. ¿Cuál es el otro beneficio que aporta el afianzar las tijeras?

_____

24. ¿Qué debe hacer antes de comenzar un corte de cabello? _____

25. Identifique las cinco áreas que debe analizar antes de comenzar un corte de cabello.

a. _____

b. _____

c. _____

d. _____

e. _____

DIVISIÓN

26. Explique por qué debe seccionar el cabello antes de realizar un corte.

_____

_____

27. Explique los pasos necesarios para realizar una división en cuatro secciones.

a. _____

b. _____

c. _____

28. Explique los pasos necesarios para realizar una división en cinco secciones.

a. _____

b. _____

c. _____

29. Se utilizan secciones _____ además de las cuatro o cinco secciones básicas.

30. ¿Cúando debe utilizar una sección de la línea del cuello? _____

GUÍAS

31. Todos los peinados tienen una _____ exterior.

32. La línea que vemos alrededor del perímetro del corte está formada por la _____ o _____.

33. Cuando se corta el cabello en capas a una elevación alta, se utiliza una guía _____ a fin de determinar la longitud del cabello a medida que lo eleva.

34. Una guía estática, también denominada guía _____ es aquella que _____ de dirección.

35. Una guía móvil, también denominada guía _____, es aquella que _____ a la partición que va a cortarse luego.

36. Explique por qué es importante la posición de la cabeza del cliente durante un corte.

_____

ELEVACIONES

37. Mencione las cuatro elevaciones básicas que se utilizan en un corte de cabello.

a. _____

b. _____

c. _____

d. _____

38. Mencione los siete pasos necesarios para un corte de elevación baja o de cero grados.

a. _____

b. _____

_____

c. _____

_____

d. _____

e. _____

_____

f. _____

_____

_____

g. _____

39. Mencione los diez pasos para un corte de elevación alta o de 90 grados.

a. _____

_____

b. _____

_____

_____

c. _____

d. _____

_____

_____

e. _____

_____

f. _____

g. _____

_____

_____

h. _____

_____

i. _____

j. _____

40. Cuando se finaliza un corte de elevación alta, todo el cabello cortado debe ser _____ que cuando fue medido.

41. Mencione los ocho pasos para un corte de elevación invertida o de 180 grados.

a. _____

_____

b. _____

_____

c. _____

_____

d. _____

_____

e. _____

f. _____

_____

g. _____

_____

h. _____

42. Mencione los ocho pasos del corte de elevación mixta.

a. _____

b. _____

c. _____

d. _____

_____

e. _____

_____

f. _____

_____

g. _____

_____

_____

h. _____

43. ¿Qué clase de particiones (subsecciones) debe utilizar para repasar un corte de cabello?

_____

TÉCNICA DE TIJERAS SOBRE PEINE

44. Otro término para designar la técnica de tijeras sobre peine es _____.

45. Explique la técnica de tijeras sobre peine.

_____

46. Mencione los cinco pasos de la técnica de tijeras sobre peine.

    a. _____

    b. _____

    _____

    c. _____

    _____

    d. _____

    e. _____

EFECTOS ESPECIALES

47. Un mechón de cabello cortado en un ángulo que no sea de 90 grados se denomina corte
    _____.

48. El biselado le otorga al cabello _____.

49. El método para cortar o entresacar el cabello con tijeras sin dientes y con las hojas afiladas como
    cuchillas, en la que los dedos y las hojas se deslizan por el borde del cabello se denomina corte
    _____.

50. El _____ o _____ se realiza cortando con las puntas de las tijeras a fin de crear
    un efecto dentado y con textura en las puntas del cabello.

ENTRESACADO DEL CABELLO

51. ¿Cuál es el objetivo principal de entresacar el cabello?

    _____

52. Mencione otros dos objetivos de entresacar el cabello.

    a. _____

    b. _____

53. ¿Qué textura de cabello puede entresacarse más cerca del cuero cabelludo? _____

54. Mencione dos áreas donde no se recomienda entresacar el cabello. _____

    a. _____

    b. _____

55. ¿Cuál es el primer paso al entresacar el cabello con tijeras?

    _____

56. ¿Con qué clase de partición (subsección) trabajaría?

_____

57. Entresacar el cabello con tijeras se denomina _____ o _____.

58. Mencione los cuatro pasos necesarios para entresacar el cabello con tijeras.

    a. _____

    b. _____

    c. _____

    _____

    d. _____

LA NAVAJA

59. Describa cómo sujetar la navaja.

    a. _____

    b. _____

    c. _____

60. Para cortar el cabello con navaja se utiliza el mismo procedimiento que para hacerlo con tijeras, excepto que debe:

    a. _____.

    b. _____.

    c. _____.

61. Existen dos métodos de entresacar el cabello con navaja.

    Describa el primer método:_____

    _____

    _____

    Describa el segundo método: _____

    _____

    _____

MAQUINILLAS Y AFEITADORAS

62. Las maquinillas se utilizan principalmente para cortes _____.

63. Mencione dos métodos diferentes de cortar con maquinillas:

    a. _____

    b. _____

64. ¿Por dónde comienza el corte cuando está utilizando maquinillas? _____

65. ¿Qué sección de cabello se corta la última? _____

66. ¿Qué se utiliza para limpiar el nacimiento del cabello? _____ ¿Para qué otra tarea puede utilizar esta herramienta?

    _____

CORTE DEL CABELLO RIZADO

67. Además de las reglas básicas del corte del cabello, ¿cuáles son las normas adicionales para cortar el cabello rizado o muy rizado? _____

    a. _____

    b. _____

    c. _____

    d. _____

68. ¿Por qué no debe utilizar la navaja para repasar los bordes del cabello rizado o muy rizado?

    _____

REVISIÓN DE VOCABULARIO

afeitadoras	graduado	remolino
capa	guía	secciones
coronilla	horizontal	tensión
corte en bisel	línea de peso	textura
corte recto	maquinillas	tijeras
corte subyacente	navaja	tijeras de entresacado
diagonal	nuca	tijeras de entresacar
elevación	paralelo	vertical
entallado	partición	
espiral	perpendicular	
grados	punteado	

PRUEBA DE CONCORDANCIA

Coloque el término o la frase correctos delante de cada definición.

corte con deslizamiento	entresacado	guía móvil
deslizamiento	grado	líneas paralelas
entallado	guía estática	perpendicular

_____1. entresacar el cabello con tijeras

_____2. quitar el exceso de volumen del cabello sin cortarlo

_____3. cortar o entresacar deslizando los dedos y las tijeras por el borde del cabello

_____4. guía que no se mueve

_____5. líneas que no se encuentran en el espacio

PRUEBA DE REVISIÓN RÁPIDA

90	en bisel	paralelas
180	entallado	perpendiculares
afeitadoras	entresacar	recto
base	horizontales	seguridad
capas	línea de peso	tensión
cero	más suave	verticales
elevación	opuestas	

1. El objetivo principal de _____ el cabello es quitar el exceso de volumen sin cortarlo.

2. Un buen corte de cabello es la _____ para peinados atractivos y para otros servicios brindados en el salón.

3. Afianzar las tijeras en un ángulo que no sea de 90 grados se denomina corte _____.

4. Se denomina _____ al grado de tirantez del cabello cuando se sujeta para cortarse.

5. La navaja corta el cabello con un borde _____ que las tijeras.

6. Las dos líneas que se intersectan en un ángulo de 90 grados se denominan líneas _____.

7. Las líneas paralelas al suelo son las _____.

8. El objetivo de afianzar las tijeras es la _____ del cliente.

9. Los cortes de cabello de baja elevación se denominan también cortes de _____ grados.

10. Las líneas perpendiculares al suelo son las _____.

11. _____ es el ángulo en el cual el cabello se aleja de la cabeza para el corte.

12. _____ es cortar con la punta de las tijeras a fin de dar textura a las puntas.

13. Los cortes de elevación invertida se denominan también cortes de _____ grados.

14. Los cortes de cabello se repasan con secciones _____ a las utilizadas para cortar el cabello.

15. Las _____ se utilizan para quitar el cabello superfluo alrededor del perímetro de un mechón corto.

PRUEBA DE OPCIÓN MÚLTIPLE

Lea con detenimiento cada oración, luego escriba en el espacio libre de la derecha la letra que representa la palabra o frase que completa la expresión.

1. El ángulo en el cual el cabello se aleja de la cabeza para el corte se denomina:

   a) guía
   c) en capas

   b) elevación
   d) graduado   _____

2. Cortar con la punta de las tijeras a fin de dar textura a las puntas se denomina:

   a) en capas
   c) entallado

   b) en bisel
   d) corte recto   _____

3. Al afianzar las tijeras, el ángulo que éstas forman con la cabeza siempre debe ser:

   a) el mismo
   c) perpendicular

   b) diferente
   d) paralelo   _____

4. El utensilio más común que se utiliza para quitar el exceso de volumen del cabello es:

   a) la navaja
   c) las maquinillas

   b) las tijeras de entresacar
   d) las tijeras   _____

5. La elevación de la cabeza se mide en:

   a) pulgadas
   c) milímetros

   b) centímetros
   d) grados   _____

6. Las dos o más líneas que no se encuentran en el espacio se denominan:

   a) perpendiculares
   c) verticales

   b) paralelas
   d) horizontales   _____

7. Las líneas paralelas al suelo se denominan:

   a) horizontales
   c) diagonales

   b) verticales
   d) perpendiculares   _____

8. La hoja fija de las tijeras se controla con el:

   a) pulgar
   c) anular

   b) meñique
   d) corazón   _____

9. ¿Qué clase de cabello puede entresacarse más cerca del cuero cabelludo?

   a) medio
   c) grueso

   b) rizado
   d) fino   _____

10. Una guía que no se mueve se denomina:

    a) guía estática o estable   b) guía móvil
    c) guía de viaje   d) guía interior

11. Un corte de baja elevación se denomina también corte:

    a) de 180 grados   b) de 360 grados
    c) de 90 grados   d) de cero grados

12. Un corte de elevación invertida se denomina también corte:

    a) de 180 grados   b) de 360 grados
    c) de 90 grados   d) de cero grados

13. Una técnica de barbero que se hizo común entre los cosmetólogos es:

    a) el corte a navaja   b) el afeitado
    c) el entresacado   d) la de tijeras sobre peine

14. El cabello cortado en un ángulo que no sea de 90 grados es:

    a) corte recto   b) corte en bisel
    c) corte en capas   d) corte graduado

15. El método de cortar o entresacar el cabello deslizando los dedos y las tijeras por el borde del cabello se denomina:

    a) corte a navaja   b) corte mellado
    c) corte con deslizamiento   d) corte entallado

16. Una vez que el cabello se cortó demasiado, es difícil obtener el deseado:

    a) peinado   b) color
    c) textura   d) elasticidad

17. No debe entresacarse el cabello en:

    a) la raya o nacimiento del cabello   b) en la coronilla
    c) en la cresta   d) en la parte superior de la cabeza

18. Debe humedecerse el cabello cuando va a cortarse con:

    a) tijeras   b) navaja
    c) maquinillas   d) tijeras de entresacar

19. La hoja móvil de las tijeras se controla con el:

    a) pulgar   b) corazón
    c) anular   d) meñique

20. Para limpiar el cabello superfluo de alrededor del nacimiento del cabello se utiliza:

    a) tijeras   b) cera caliente
    c) cortadoras o afeitadoras   d) pinzas

8

DESTREZA EN EL PEINADO

Véase *Milady's. Libro de ejercicios teóricos.*

9

PEINADO EN HÚMEDO

Fecha _____

Calificación _____

Texto de las páginas 159-196

Aspecto a considerar

" Los obstáculos son aquellas cosas que asustan cuando se apartan los ojos del objetivo". — Anónimo

INTRODUCCIÓN

1. El peinado es la _____ de un arte ponible.

2. El estilista que sea habilidoso y versátil al aplicar las técnicas del peinado en cabello húmedo será siempre _____.

PUNTOS BÁSICOS DEL PEINADO

3. Mencione los utensilios y materiales necesarios para los peinados en cabello húmedo básicos.

   a. _____   b. _____

   c. _____   d. _____

   e. _____

4. Al prepararse para realizar un peinado en cabello húmedo, ¿qué debe hacer antes de lavar el cabello?

   _____

5. ¿Por dónde empieza a desenredar el cabello? _____

6. ¿Qué clase de utensilios se utilizan para desenredar el cabello? _____

7. Mencione los tres pasos para realizar la raya.

   a. _____

   b. _____

   c. _____

8. Mencione la manera de encontrar la raya natural.

_____

_____

ONDULACIÓN CON LOS DEDOS

9. Defina la ondulación con los dedos:

_____

_____

10. Mencione tres razones de por qué es importante aprender la técnica de ondulación con los dedos.

    a. _____

    b. _____

    c. _____

11. ¿Qué debe hacerse antes de ofrecer al cliente un servicio? _____

12. ¿Cómo se prepara al cliente para la ondulación con los dedos?

    _____

13. Mencione dos razones para utilizar loción onduladora.

    a. _____

    b. _____

14. La loción onduladora está hecha de _____ , que se encuentra en_____ de África e India.

15. Mencione dos características de una buena loción onduladora.

    a. _____

    b. _____

16. Explique la manera de facilitar el movimiento del cabello. _____

17. Explique por qué debe seguirse el crecimiento natural del cabello cuando se peina y se separa.

    _____

18. ¿Por qué debe aplicarse la loción onduladora a un lado de la cabeza de una sola vez?

    _____

19. ¿Dónde debe comenzar la ondulación con los dedos? _____

20. Describa la manera de dar forma a la zona superior.

_____

_____

21. Explique cómo colocar el peine y el dedo índice para comenzar a dar forma a la primera cresta.

_____

_____

_____

22. Describa la manera de mantener en su lugar la primera cresta.

_____

23. ¿Cómo se realza la cresta?

_____

24. ¿Qué pasa si intenta aumentar la altura o la profundidad de la cresta pellizcándola o apretándola con los dedos? _____

25. ¿Cómo se forma la caída en la parte hueca de la onda?

_____

26. La cresta y la onda de cada sección deben corresponderse sin mostrar _____ en la cresta y en la parte hueca de la onda.

27. Especifique la dirección de los movimientos necesaria para formar la segunda cresta.

_____

28. Explique la dirección de los movimientos necesaria para formar la tercera cresta.

_____

_____

29. Mencione los cinco pasos del procedimiento de ondulación con los dedos.

    a. _____

    b. _____

    _____

    c. _____

    _____

    d. _____

    _____

    e. _____

30. Describa la manera de asegurar el cabello del cliente antes de secarlo.

    _____

31. Describa la manera de proteger la frente y las orejas del cliente mientras está en el secador.

    _____

32. ¿Qué debe esterilizarse después de cada uso? _____

33. ¿Qué cosa ayuda a sostener la ondulación con los dedos por más tiempo y le da brillo al cabello?

    _____

34. ¿En qué se diferencian el método alternativo de ondulación con los dedos y la ondulación vertical con los dedos?

    _____

    _____

35. En la ondulación con los dedos _____, las crestas y las ondas van de arriba abajo de la cabeza mientras que en la ondulación _____ las ondas van paralelas alrededor de la cabeza.

36. En una ondulación vertical con los dedos, ¿dónde se comienza la segunda cresta?

    _____

37. Identifique qué onda es vertical y qué onda es horizontal en las ilustraciones.

1. _____   2. _____

38. Defina una onda de sombra.

_____

39. La onda de sombra se realiza de la forma habitual, pero el peine no _____ en el cuero cabelludo.

40. ¿Cuándo puede un cliente desear una onda de sombra?

_____

RIZOS FIJOS

41. Mencione tres clases de cabello en que se pueden usar rizos fijos.

    a. _____   b. _____

    c. _____

42. Cuando el cabello está debidamente rebajado y se enrolla con suavidad, ¿cómo responden los rizos?

_____

43. ¿Con qué clase de cabello se utilizan los rizos fijos generalmente?

_____

44. ¿Cuáles son las tres partes principales de un rizo fijo?

    a. _____   b. _____

    c. _____

45. Identifique las partes de un rizo fijo.

    1. _____

    2. _____

    3. _____

    4. _____

    5. _____

    6. _____

46. Defina la movilidad. _____

47. ¿Qué parte del rizo fijo determina la movilidad? _____

48. La movilidad del rizo se clasifica en _____ tallo, de _____ tallo y de tallo _____.

49. Concordancia: *Busque la concordancia entre los términos de la izquierda y las descripciones de la derecha.*

    _____ 1. Tallo   A. producen ondas suaves y regulares y rizos uniformes

    _____ 2. Rizo de medio tallo   B. el tamaño determina la anchura y la firmeza de la onda.

    _____ 3. Rizo sin tallo   C. permite la movilidad máxima

    _____ 4. Rizos de centro abierto   D. da un buen control al cabello

    _____ 5. Base   E. produce un rizo firme, apretado y de larga duración

    _____ 6. Rizos de centro cerrado   F. da al círculo su dirección y movilidad

    _____ 7. Rizo de tallo completo   G. produce ondas que disminuyen hacia las puntas

    _____ 8. Círculo   H. la base del rizo está unida al cuero cabelludo

50. ¿Qué determina el tamaño de una onda? _____

51. Si hace rizos fijos con las puntas hacia fuera, ¿qué produce?

    _____

52. ¿Qué determina la dirección de un rizo acabado?

    _____

53. Identifique el movimiento de un rizo hacia adelante. _____

54. Identifique el movimiento de un rizo inverso. _____

55. Identifique un movimiento hacia arriba. _____

56. Identifique un movimiento hacia abajo. _____

57. Identifique cada ilustración de direcciones de tallo y rizo.

a.

1. _____

2. _____

3. _____

4. _____

5. _____

6. _____

b.

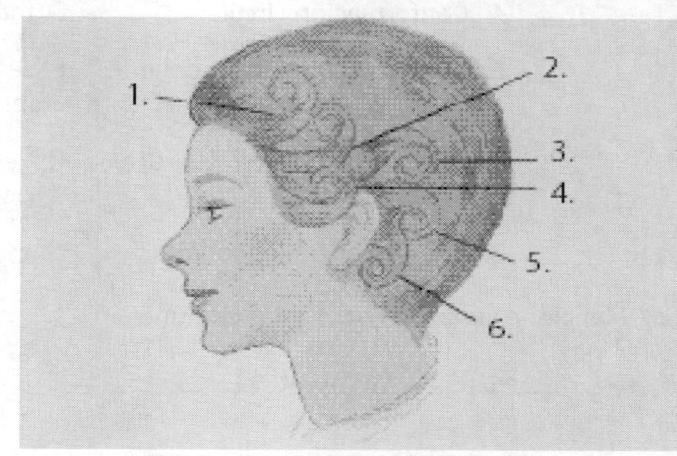

1. _____

2. _____

3._____

4. _____

5. _____

6._____

58. ¿Qué términos se utilizan para describir la dirección de los rizos fijos? _____

59. Describa los rizos en sentido horario.

_____

60. Describa los rizos en sentido antihorario.

_____

61. Indique cuál de los rizos de las ilustraciones está en sentido horario y cuál en sentido antihorario.

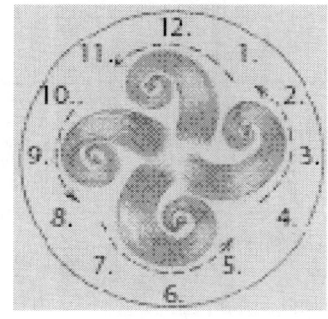   

a. _____   b. _____

62. A veces, las agujas del reloj se utilizan para describir _____.

63. Defina la conformación.

_____

64. Concordancia: *Busque la concordancia entre los términos de la izquierda y las descripciones de la derecha.*

_____ 1. Conformación horizontal   A. variación de la conformación hacia adelante

_____ 2. Conformación rectangular   B. está dirigida de tal manera que coloca los extremos, abierto y cerrado, en disposición vertical

_____ 3. Conformación inversa   C. se peina directamente paralela con la raya

_____ 4. Conformación circular   D. mantiene la misma anchura en toda la conformación

_____ 5. Conformación hacia adelante   E. se peina directamente hacia abajo y después inmediatamente hacia arriba en un movimiento circular

_____ 6. Conformación lateral vertical   F. tiene forma de torta con el extremo abierto más pequeño que el cerrado

_____ 7. Conformación diagonal   G. este tipo de conformación es ovalada

65. Mencione las cuatro bases más comunes.

a. _____   b. _____

c. _____   d. _____

66. ¿Por qué el cosmetólogo debe tener cuidado al elegir y formar la base de los rizos?

_____

67. ¿Cómo se logra la uniformidad en el desarrollo de los rizos?

_____

68. Describa cómo debe apoyarse cada rizo. _____

69. Explique dónde y cúando se recomiendan los rizos fijos de base rectangular.

_____

70. ¿Por qué los rizos fijos deben solaparse? _____

71. Explique dónde y cúando se recomiendan los rizos fijos de base triangular.

_____

72. Especifique cómo se forman los rizos fijos de base de arco.

_____

73. Describa los resultados que se obtienen de los rizos fijos de base de arco.

    _____

74. ¿Por qué se utilizan los rizos fijos de base cuadrada?

    _____

75. Cuando se utilizan los rizos de base cuadrada, ¿cómo puede evitar separaciones?

    _____

76. Los rizos fijos esculpidos a partir de una conformación sin deshacer su forma se denominan

    _____.

77. Mencione los once pasos necesarios para formar rizos fijos en el lado derecho.

    a. _____

    b. _____

    c. _____

    d. _____

    e. _____

    f. _____

    g. _____

    h. _____

    i. _____

    j. _____

    k. _____

78. Al peinar o poner horquillas en el rizo, debe tener mucho cuidado en no destruir la _____.

79. ¿Cómo puede lograrse un movimiento de rizo más duradero?

    _____

80. ¿Cómo puede lograrse una onda de cresta fuerte?

    _____

81. Mencione los ocho pasos necesarios para formar rizos fijos en el lado izquierdo.

    a. _____

    b. _____

    c. _____

    d. _____

e. _____

f. _____

g. _____

h. _____

82. Mencione las reglas generales para sujetar rizos fijos.

a. _____

b. _____

c. _____

d. _____

83. Explique la importancia de fijar correctamente los rizos fijos.

_____

84. Los rizos fijos deben sujetarse por el extremo _____ del rizo, el lado opuesto a _____.
La pinza debe estar _____ al tallo.

85. Mencione cómo sujetar el rizo correctamente.

_____

_____

86. Explique cómo evitar que se formen marcas en el rizo. _____

87. Si una pinza toca la piel, ¿cómo evita que la piel se queme?

_____

88. Concordancia: *Busque la concordancia entre los términos de la izquierda y las definiciones de la derecha.*

_____ 1. Rizos en tonel   A. crean una onda fuerte con líneas bien definidas entre las ondas

_____ 2. Ondas de cepillo   B. crean un resultado intermedio entre los rizos fijos erguidos y los esculpidos

_____ 3. Ondas salteadas   C. se utilizan para crear una onda detrás de la cresta

_____ 4. Cascada   D. se utiliza para crear ondas largas y suaves

_____ 5. Rizos en cresta   E. es similar a uno con rulo pero no tiene la misma tensión que éste cuando se realiza

_____ 6. Rizos semierguidos   F. se utilizan para dar altura al cabello

RULOS

89. Mencione tres ventajas de los rulos sobre los rizos erguidos.

    a. _____

    _____

    b. _____

    c. _____

90. Mencione las tres partes de un rizo con rulo.

    a. _____   b. _____

    c. _____

91. El panel de cabello donde se ubica el rulo se denomina _____.

92. La dirección y la movilidad del cabello derivan de _____.

93. El cabello que se enrosca alrededor del rulo se denomina _____.

94. El tamaño del rulo determina el _____. Cuanto _____ sea el rulo, mayor será el _____.

95. Mencione las tres clases de bases.

    a. _____   b. _____

    c. _____

96. Una el ángulo del mechón de cabello con la descripción correcta de sus efectos.

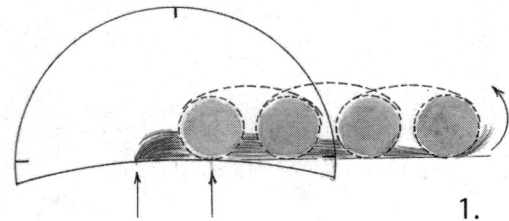

1.

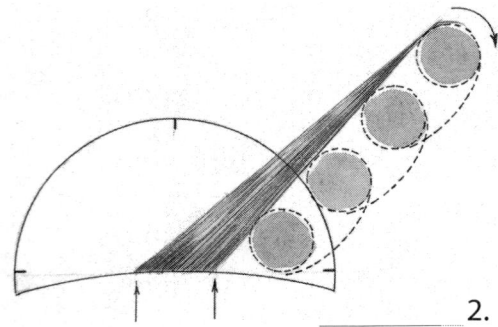

2.

_____ 1.   A. Sin base

_____ 2.   B. Media base

_____ 3.   C. Hueco

_____ 4.   D. Base completa

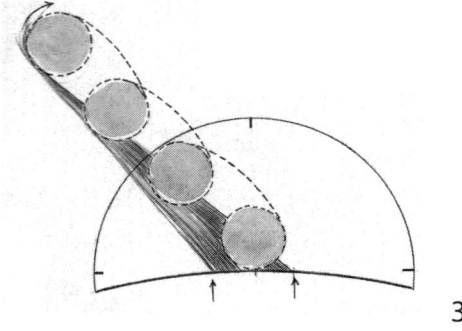

3.

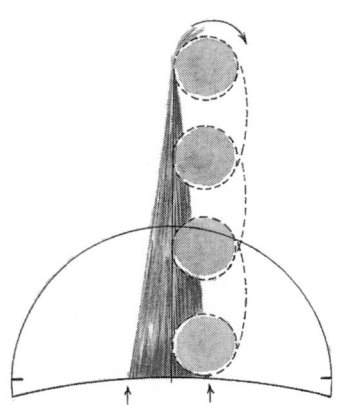

4.

97. ¿Dónde se coloca comúnmente el rulo de hueco?

_____

98. Describa la manera de enroscar el rulo de hueco cuando se coloca detrás del rulo de volumen.

_____

99. ¿Qué se forma cuando un rulo de hueco se coloca en el nacimiento del cabello?

_____

100. La relación entre la longitud del cabello y el tamaño del rulo determina si el resultado será una
_____, una _____ o un _____.

101. Si el cabello completa una vuelta alrededor del rulo se forma _____.

102. Si el cabello completa una vuelta y media, se forma _____.

103. Si el cabello completa dos vueltas y media, se forma _____.

104. La dirección y la movilidad de un rizo están determinadas por _____. Cuanto más largo sea el
_____, más _____ tendrá el marcado.

105. La falta de tallo produce _____ volumen, medio tallo produce _____
volumen y un tallo completo produce _____ volumen.

106. Al realizar una técnica con rulo, ¿cómo debe peinar el cabello mojado?

_____

107. Se pueden utilizar conformaciones para _____ el diseño.

108. Describa la técnica correcta para sujetar el rulo.

_____

_____

109. ¿Qué puede suceder si no se sujeta el rulo a la cabeza adecuadamente?

_____

110. ¿Qué puede suceder si se coloca la pinza en un ángulo contra el cabello?

_____

111. Mencione siete nombres utilizados para designar la dirección en una disposición circular.

a. _____   b. _____

c. _____   d. _____

e.   _____   f.   _____

g.   _____

112. La zona a la que se dirige el cabello para formar un movimiento circular puede denominarse:

a.   _____   b.   _____

c.   _____   d.   _____

e.   _____   f.   _____

g.   _____   h.   _____

i.   _____   j.   _____

113. ¿Cómo se forma la acción de un rulo?

_____

114. Describa la diferencia entre los rulos cónicos y los cilíndricos.

_____

_____

115. ¿Qué determina el tamaño del rulo que debe utilizarse?

_____

116. Los rulos cónicos dispuestos a lo largo del nacimiento del cabello producen una
_____, pero, dispuestos en un lado de la cabeza,
_____ .

117. Mencione qué precede a peinados suaves y bien realizados. _____

118. Mencione dos razones para cepillar el cabello después de quitar los rulos y las pinzas.

a.   _____

b.   _____

119. Explique por qué se alisa y se cepilla el cabello hasta una posición semiplana.

_____

120. Describa la manera de dirigir el cabello hacia el patrón general que se desea.

_____

_____

121. Explique por qué deben exagerarse las líneas de dirección.

_____

122. Explique qué zonas deben cardarse con peine y qué zonas deben cardarse con cepillo.

_____

_____

123. Mencione tres cualidades que deben revelar las formas acabadas.

a. _____ b. _____

c. _____

124. ¿Por qué son importantes los retoques finales? _____

125. Explique por qué se utiliza el asta de un peine.

_____

126. Mencione los dos últimos pasos del cardado con peine.

a. _____

b. _____

127. ¿Cuál es el propósito del cardado con peine y del cardado con cepillo?

_____

_____

128. Mencione otros cuatro nombres para el cardado con peine.

a. _____ b. _____

c. _____ d. _____

129. El cardado con peine crea un _____ sobre el que construir rizos de pleno volumen o estilos de peinados ahuecados.

130. ¿Por dónde comienza el cardado con peine? _____

131. ¿Qué clase de cabello es difícil de cardar con peine? _____

132. El cardado con cepillo, también denominado _____, se utiliza para formar un _____.

TRENZADO

133. ¿Cómo se ejecutan las trenzas?

_____

134. ¿Por qué es recomendable trenzar el cabello húmedo?

_____

135. Mencione dos clases de trenzado francés.

a. _____ b. _____

136. El trenzado invisible se ejecuta: _____.

137. Mencione los siete pasos necesarios para hacer un trenzado invisible.

a. _____

b. _____

c. _____

d. _____

_____

e. _____

_____

f. _____

_____

g. _____

_____

138. Mencione dos variaciones para trenzar cabellos largos.

a. _____

b. _____

139. Mencione tres variaciones para trenzar cabellos no muy largos.

a. _____

b. _____

c. _____

140. Describa cómo hacer un trenzado visible. _____

141. Mencione los cinco pasos necesarios para hacer un trenzado visible.

    a. _____

    _____

    _____

    b. _____

    _____

    _____

    c. _____

    _____

    d. _____

    e. _____

142. Explique cómo hacer las trenzas de espiga.

    _____

    _____

143. Las trenzas de espiga funcionan bien con cabello _____ y deben durar _____ semanas.

144. Mencione los cinco pasos necesarios para preparar el cabello muy rizado para ejecutar las trenzas de espiga.

    a. _____

    b. _____

    c. _____

    d. _____

    e. _____

    _____

REVISIÓN DE VOCABULARIO

base	loción onduladora	rizo en tonel
cardado con cepillo	movilidad	rizo fijo
cardado con peine	onda de sombra	tallo
círculo	ondulación con los dedos	trenza
hueco	raya natural	trenzas de espiga

PRUEBA DE CONCORDANCIA

Coloque el término o la frase correctos delante de cada definición.

base	en tallo	peinado
cardado con cepillo	hacia adelante	rizos de centro abierto
cardado con peine	hacia atrás	rizos erguidos
cilindro	hueco	rizos semierguidos
círculo	invertido	sentido horario
cónico	movilidad	trenzado invisible
cuadrado	onda de sombra	trenzado visible
en sentido antihorario	ondulación con los dedos	trenzas de espiga

1. _____ la dirección opuesta al movimiento de las agujas del reloj

2. _____ la parte del rizo fijo que forma un círculo completo

3. _____ otra denominación para desenredar o escamar

4. _____ un rulo que posibilita crear un movimiento de curvatura más fuerte

5. _____ una base de rizo estática o inmóvil

6. _____ se ejecuta solapando los mechones en la parte superior

7. _____ está dirigido hacia la cara

8. _____ rizos fijos que dan altura al peinado acabado

9. _____ la misma dirección que el movimiento de las agujas del reloj

10. _____ el arte de formar y dirigir el cabello en ondas y diseños paralelos y alternados, utilizando los dedos y el peine

11. _____ otro nombre para el desgreñado

12. _____ otra denominación para movimiento

13. _____ un tipo de trenzado francés que incorpora dos secciones estrechas

14. _____ una onda poco profunda con una cresta no demasiado aguda

15. _____ la parte del rizo fijo que le da al círculo su dirección, acción y movilidad

16. _____ un rulo dirigido hacia la dirección opuesta a la del rulo de volumen

17. _____ se realiza colocando los mechones por debajo del mechón central

18. _____ rizos fijos esculpidos a partir de una conformación y sujetados en una posición semierguida

19. _____ está dirigido hacia atrás o alejado de la cara

20. _____ es crear un arte ponible

REVISIÓN RÁPIDA

Coloque la palabra correcta en el espacio libre de cada una de las oraciones que siguen.

abierto	excesiva	mismos
blando	fino	onda
calentarse	firme	rebajado
cerrado	grueso	separaciones
completo	horizontal	sin
conformación	igual	sobredirección
diagonal	inversos	tarta
escama	medio	verticales

1. Los rizos _____ tallo producen rizos tiesos, firmes y de larga duración.

2. Los rizos fijos de centro _____ producen ondas suaves y rizos uniformes.

3. El cabello _____ necesita rulos más pequeños, el _____ necesita rulos mayores.

4. Las crestas y ondas que van de arriba hacia abajo en la cabeza se denominan ondulación con los dedos _____.

5. Se recomienda crear los rizos fijos de base triangular en el nacimiento de cabello de la parte delantera a fin de prevenir_____ en el peinado acabado.

6. El tamaño del rulo determina la medida de las _____.

7. Los rulos cilíndricos deben colocarse más lejos del punto de distribución en particiones con forma de _____.

8. Los movimientos necesarios para formar la tercera cresta de un ondulado con los dedos son los _____ que los necesarios para formar la primera cresta.

9. Las pinzas que se colocan contra la piel, las orejas o el cuero cabelludo pueden _____ durante el secado.

10. El cardado con peine crea un cojín _____, el cardado con cepillo crea un cojín _____.

11. Los rizos fijos responden mejor cuando el cabello está debidamente _____ y se enrolla con suavidad.

12. Pinzar las crestas con los dedos para aumentar su altura o su profundidad produce una _____ de las crestas.

13. Los rizos de centro _____ producen ondas que disminuyen hacia las puntas.

14. Las pinzas se colocan siempre desde el extremo abierto de la _____.

15. Las crestas y ondas que corren paralelas en la cabeza se denomina ondulación _____ con los dedos.

16. Los rizos de _____ tallo producen una dirección fuerte y formas más débiles.

17. El tamaño uniforme de los rizos se logra cuando las secciones del cabello están _____.

18. Una buena loción onduladora no se _____ cuando se seca.

19. Los movimientos necesarios para formar la segunda cresta de un ondulado con los dedos son _____ a los seguidos para formar la primera cresta.

20. Es importante no aplicar una cantidad _____ de loción onduladora al cabello.

PRUEBA DE OPCIÓN MÚLTIPLE

Lea con detenimiento cada oración, luego escriba en el espacio libre de la derecha la letra que representa la palabra o frase que completa la expresión.

1. Para adquirir el mayor volumen posible, el rulo se apoya:

   a) sobre la base
   c) no se apoya en la base
   b) separado de la base
   d) sobredirigido de su base _____

2. Las trenzas deben hacerse:

   a) sin tensión
   c) tensión uniforme
   b) poca tensión
   d) tensión desigual _____

3. Una buena loción onduladora:

   a) se seca lentamente
   c) deja el cabello pegajoso
   b) da color al cabello
   d) no daña el cabello _____

4. Los rizos fijos esculpidos a partir de una conformación se denominan:

   a) rizos conformados
   c) rizos horizontales
   b) rizos esculpidos
   d) rizos verticales _____

5. Las trenzas de espiga funcionan bien con cabello:

   a) lacio
   c) muy lacio
   b) ligeramente ondulado
   d) muy rizado _____

6. Los mejores resultados de la ondulación con los dedos se obtienen cuando el cabello es:

   a) lacio
   c) crespo
   b) naturalmente rizado
   d) muy rizado _____

7. Después de quitar los rulos y las pinzas, se debe cepillar bien el cabello para:

   a) estirar el cabello
   c) relajar el marcado
   b) mezclar el cabello
   d) estirar el marcado _____

8. Las trenzas son más pulcras y duran más cuando se realizan con el cabello:

   a) mojado
   c) seco
   b) húmedo
   d) graso _____

9. Para encontrar la raya natural se deberá peinar el cabello recto hacia atrás, colocar la palma de la mano sobre la cabeza y empujar:

   a) hacia atrás
   c) hacia el lado izquierdo
   b) hacia delante
   d) hacia el lado derecho   _____

10. Una onda de sombra es una ondulación con:

    a) crestas altas
    c) crestas agudas
    b) crestas profundas
    d) crestas bajas   _____

11. Los rizos fijos deben colocarse hacia el lado en el que serán:

    a) peinados
    c) teñidos
    b) fijados
    d) cardados con cepillo   _____

12. El trenzado invisible se realiza solapando los mechones:

    a) en la parte inferior
    c) en el lado izquierdo
    b) en la parte superior
    d) en el lado derecho   _____

13. La ondulación con los dedos proporciona una formación valiosa en la creación de:

    a) peinados
    c) colores del cabello
    b) cortes de cabello
    d) relajantes capilares   _____

14. Para alcanzar la menor altura posible, el rulo se apoya:

    a) sobre su base
    c) no se apoya en la base
    b) separado de la base
    d) sobredirigido de su base   _____

15. El cardado con peine proporciona algo adicional. ¿qué?

    a) rizos
    c) color
    b) volumen
    d) longitud   _____

16. La onda de sombra es deseable para clientes que lleven el cabello:

    a) alto en la parte superior
    c) largo en la nuca
    b) alto en la coronilla
    d) cerca de la cabeza   _____

17. Los peines, pinzas, clips y redes se deben esterilizar:

    a) después de cada uso
    c) una vez al mes
    b) una vez a la semana
    d) una vez al año   _____

18. Las ondas que se forman paralelas alrededor de la cabeza se denominan:

    a) verticales
    c) horizontales
    b) diagonales
    d) cruzadas   _____

19. El tipo de tallo que permita la mayor movilidad se denomina:

    a) sin tallo
    c) medio tallo
    b) tallo completo
    d) un cuarto de tallo   _____

20. Los rizos que producen ondas suaves y regulares y rizos uniformes se denominan:

    a) rizos con centro abierto
    c) rizos de medio centro
    b) rizos con centro cerrado
    d) rizos con semicentro   _____

10

PEINADO TÉRMICO

Fecha _____

Calificación _____

Texto de las páginas 197-221

Aspecto a considerar

"Ten buenos hábitos y ellos te determinarán." — Parks Cousins

INTRODUCCIÓN

1. Explique por qué se conoce al ondulado térmico como ondulado marcel.

   _____

2. Describa el ondulado y el rizado térmico.

   _____

   _____

TENAZAS TÉRMICAS

3. Explique la manera de controlar el calor de las tenazas térmicas.

   _____

4. Explique por qué las tenazas deben estar hechas de acero de la mejor calidad.

   _____

5. Mencione y describa las dos partes de las tenazas usadas para el peinado.

   a. _____

   b. _____

6. Mencione tres tipos de tenazas térmicas.

   a. _____   b. _____

   c. _____

7. Explique por qué no deben usarse tenazas eléctricas vaporizadoras en cabello prensado.

   _____

8. Mencione dos factores que deben considerarse para establecer la temperatura de las tenazas.

   a. _____

   b. _____

9. Mencione dos tipos de cabello que deben ondularse y rizarse con tenazas tibias.

   a. _____   b. _____

10. Mencione dos clases de cabello que pueden tolerar más calor que el cabello fino.

   a. _____   b. _____

11. Explique por qué no deben usarse tenazas térmicas en cabello tratado químicamente.

   _____

12. Especifique qué se utiliza para probar las tenazas calientes. _____

13. Describa cómo probar las tenazas.

   _____

14. Explique qué sucede si las tenazas están demasiado calientes. _____

15. Mencione tres clases de cabello que soportan menos calor que el normal.

   a. _____   b. _____

   c. _____

16. Describa cómo quitar la suciedad o la grasa de las tenazas térmicas.

   _____

17. Explique cómo quitar el óxido y la carbonilla de las tenazas.

   _____

18. Explique por qué debe ponerse aceite en la articulación de las tenazas.

   _____

19. Explique qué sucede si las tenazas se sobrecalientan.

   _____

20. Describa cómo sostener las tenazas.

   _____

   _____

   _____

21. Describa el peine que debe utilizarse con las tenazas térmicas.

_____

_____

22. Describa cómo sostener el peine.

_____

_____

_____

23. Describa la mejor manera de practicar el uso de las tenazas térmicas.

_____

24. Especifique qué se utiliza para girar los mangos en cualquier dirección.

_____

ONDULADO TÉRMICO CON TENAZAS TÉRMICAS CONVENCIONALES (MARCEL)

25. Explique cómo determinar si la primera onda debe ser a la derecha o a la izquierda.

_____

26. Mencione los ocho pasos necesarios para una onda hacia la izquierda.

a. _____

_____

b. _____

_____

c. _____

_____

d _____

_____

e. _____

_____

f. _____

_____

g. _____

h. _____

_____

27. Describa cómo dirigir el cabello para hacer una onda hacia la derecha. _____

28. Explique por qué se incluye una pequeña sección del mechón ondulado al prender el cabello sin ondular con el peine. _____

29. Describa lo que sucede cuando los movimientos de las tenazas y el peine no son los mismos para ondular el segundo mechón que para el primero. _____

RIZADO TÉRMICO CON TENAZAS TÉRMICAS ELÉCTRICAS

30. Identifique qué se elimina al peinar el cabello con tenazas térmicas.

_____

31. Mencione cuatro ventajas del ondulado térmico en cabellos lacios.

    a. _____   b. _____

    c. _____   d. _____

32. Explique las ventajas del ondulado térmico en cabellos prensados.

_____

_____

33. Explique las ventajas del ondulado térmico en pelucas y postizos.

_____

34. Mencione dos maneras diferentes de abrir la pinza de las tenazas.

    a. _____

    b. _____

35. Explique la manera de desarrollar un movimiento de giro suave con las tenazas.

_____

36. Describa cómo soltar el cabello de las tenazas.

_____

37. Explique cómo asegurarse de que el extremo del mechón quede en el centro del rizo.

_____

38. Describa cómo sacar el rizo de las tenazas.

_____

39. Mencione el utensilio que se utiliza para proteger de quemaduras el cuero cabelludo del cliente.

_____

MÉTODOS DE RIZADO CON TENAZAS TÉRMICAS

40. Mencione los cuatro pasos necesarios para preparar el cabello para el rizado con tenazas térmicas.

    a. _____

    b. _____

    c. _____

    d. _____

41. Describa la medida de la base que normalmente se requiere para rizar el cabello corto.

_____

42. Explique por qué el cabello debe peinarse suavemente.

_____

43. Mencione la parte de las tenazas que debe estar arriba. _____

44. Especifique la distancia que debe haber desde el cuero cabelludo al usar las tenazas cuando se riza el cabello corto.

_____

45. Explique por qué las tenazas se mantienen unos segundos en el cabello después de colocarlas.

_____

46. Describa la manera de sostener los extremos del mechón de cabello.

_____

47. Describa el grado de tensión necesario para mantener los extremos de cabello.

_____

48. Explique cómo evitar que el cabello se adhiera a las tenazas.

_____

49. Especifique la distancia que debe haber desde el cuero cabelludo al usar las tenazas cuando se riza el cabello de longitud media. _____

50. Mencione cuánto tiempo deben mantenerse las tenazas en el cabello para calentarlo._____

51. Especifique la distancia a la que debe deslizar las tenazas alejándolas del cuero cabelludo._____

52. Mencione la parte de las tenazas que debe estar arriba. _____

53. Explique cómo tirar del extremo del mechón después de girar las tenazas hacia abajo.

   _____

   _____

54. Describa la manera de agrandar el rizo. _____

55. Describa dónde dirigir los extremos del rizo.

   _____

56. Describa cómo mover los extremos del mechón hacia el centro del rizo.

   _____

57. Explique la manera de igualar la distribución del cabello en el rizo.

   _____

58. Describa cómo proteger el cuero cabelludo del cliente durante el proceso de rizado.

   _____

59. Mencione dos razones para dar una vuelta final a las tenazas dentro del rizo.

   a. _____   b. _____

60. Describa la acción de las tenazas y del peine al desprender el cabello.

   _____

   _____

61. Especifique la distancia que debe haber desde el cuero cabelludo al usar las tenazas cuando se riza el cabello largo.

   _____

62. Especifique la dirección hacia la que debe tirar del cabello sobre la varilla.

   _____

63. Mencione cuánto tiempo deben mantenerse las tenazas en el cabello para calentarlo. _____

64. Identifique el grado de tensión necesario para mantener el mechón de cabello.

   _____

65. Mencione la dirección en la que debe girar las tenazas. _____

66. Mencione la parte de las tenazas hacia la que debe estirarse el mechón. _____

67. Explique el propósito de empujar las tenazas hacia adelante y de empujar el cabello con la mano izquierda.

_____

_____

68. Mencione dos razones para enrollar las tenazas varias veces después de completar el rizo.

a. _____

b. _____

69. Describa los tirabuzones. _____

70. Describa los rizos terminales. _____

RIZOS TÉRMICOS DE VOLUMEN

71. Prueba de identificación y concordancia: *Con las letras BV, BE, MB y SB (según se definen a continuación), una la clase de rizos térmicos con las características correctas que siguen.*

Clave:

BV=rizos con base de volumen

BE=rizos con base

MB=rizos de media base

SB=rizos sin base

Características:

_____ 1. Proporciona un rizo fuerte con poco volumen o elevación.

_____ 2. Dan la máxima elevación o volumen.

_____ 3. Proporciona un rizo fuerte con volumen o elevación moderados.

_____ 4. Proporciona un rizo fuerte con todo su volumen.

_____ 5. Para formarlo, el cabello se mantiene a un ángulo de 90º.

_____ 6. Para formarlo, el cabello se mantiene a un ángulo de 135º.

_____ 7. Para formarlo, el cabello se mantiene a un ángulo de 125º.

_____ 8. Para formarlo, el cabello se mantiene a un ángulo de 70º.

72. Una cada base de rizo con la descripción correcta.

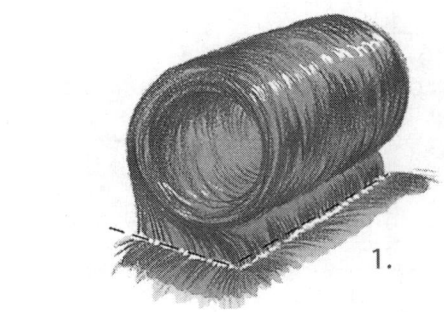

1.

2.

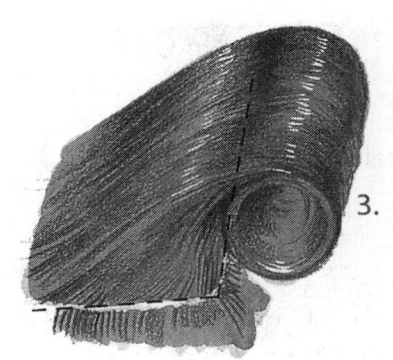

3.

_____ 1.   A. sin base

_____ 2.   B. con base

_____ 3.   C. de media base

AJUSTE DE LOS RIZOS TÉRMICOS ACABADOS

73. Explique cómo obtener los mejores resultados cuando se hace un ajuste térmico.

_____

PEINADO DEL CABELLO TRAS UN ONDULADO O RIZADO TÉRMICO

74. Identifique a gusto de quién debe peinar el cabello del cliente. _____

75. Explique cómo peinar el cabello del cliente después de un rizado o un ondulado térmico.

_____

_____

MEDIDAS DE SEGURIDAD

76. Explique por qué no se deben sobrecalentar las tenazas. _____

77. Explique la necesidad de comprobar la temperatura de las tenazas con papel de seda antes de colocarlas sobre el cabello. _____

78. Explique por qué no deben inhalarse los vapores de las tenazas.

_____

79. Explique por qué no debe colocar las tenazas cerca de la cara para comprobar la temperatura.

_____

80. Explique por qué el cosmetólogo debe manejar las tenazas con cuidado.

_____

81. Explique por qué debe colocar las tenazas en un lugar seguro para que se enfríen.

_____

82. Explique por qué no debe colocar los mangos demasiado cerca del calentador.

_____

83. Explique por qué las tenazas deben estar bien equilibradas sobre el calentador.

_____

84. Explique por qué no debe utilizar peines de celuloide para el rizado térmico.

_____

85. Explique por qué no debe utilizar peines metálicos.

_____

86. Explique por qué no debe utilizar peines con púas rotas.

_____

87. Explique por qué se coloca un peine entre el cuero cabelludo y las tenazas térmicas.

_____

88. Explique por qué el cabello del cliente debe estar limpio al realizar un rizado térmico.

_____

89. Qué debe hacerse al cabello espeso o voluminoso antes de realizar un rizado térmico.

_____

90. Explique por qué los extremos del cabello no deben sobresalir de las tenazas. _____

91. Explique por qué no deben usarse tenazas vaporizadas sobre cabello prensado.

_____

92. Explique por qué no deben usarse tenazas térmicas en cabello tratado químicamente.

_____

PEINADO CON SECADO POR AIRE

93. Describa el peinado con secado por aire.

_____

94. Mencione dos ventajas del peinado con secado por aire.

a. _____

_____

b. _____

_____

95. Mencione las dos técnicas básicas que se usan en el peinado con secado por aire.

a. _____   b. _____

96. Mencione el tipo de cabello con el que hay que tener cuidado al secar con secador.

_____

97. Describa cómo tratar el cabello que ha perdido elasticidad.

_____

EQUIPO, UTENSILIOS Y MATERIALES

98. Mencione el equipo, los utensilios y los materiales necesarios para el peinado con secado por aire.

a. _____   b. _____

c. _____   d. _____

e. _____   f. _____

EL SECADOR DE MANO

99. Describa el secador de mano (sin los accesorios).

_____

_____

100. Mencione las cinco partes principales del secador de mano.

a. _____   b. _____

c. _____   d. _____

e. _____

101. Explique qué produce un secador cuando está funcionando.

_____

PEINES Y CEPILLOS

102. Mencione dos clases de peines que se utilizan para ondular con secador o con aire.

_____

103. Explique por qué algunos peluqueros prefieren usar peines metálicos.

_____

_____

104. Describa la clase de cepillo que se utiliza para peinar con secador. _____

105. Explique los resultados de utilizar un cepillo estrecho.

_____

COSMÉTICOS USADOS EN EL SECADO POR AIRE

106. Explique la razón por la que deben aplicarse lociones de peinado al cabello después del lavado.

_____

107. Describa cómo aplicar las lociones de peinado.

_____

108. Explique las ventajas de la sustancia de recubrimiento de las lociones de peinado.

_____

109. Explique con qué frecuencia se utilizan los acondicionadores del cabello como tratamiento correctivo para el cabello seco y frágil. _____

110. Mencione los efectos de excesivos peinados con secador.

_____

111. Identifique el tipo de acondicionador que se utiliza para peinados con secado por aire. _____

112. Describa el propósito de las lacas.

_____

RIZADO CON SECADOR Y CEPILLO REDONDO

113. Describa el tipo de cabello en el que rizar con secador es más efectivo.

_____

114. Explique cómo debe conformarse el cabello antes de rizarlo con secador.

_____

115. Identifique la clase de conformación que dificulta el rizado con secador. _____

116. Mencione los ocho pasos necesarios para rizar con secador el cabello de un cliente.

   a. _____

   b. _____

   c. _____

   d. _____

   e. _____

   f. _____

   _____

   g. _____

   h. _____

NOTAS Y CONSEJOS SOBRE EL PEINADO CON SECADO POR AIRE

117. Explique cómo alcanzar los mejores resultados del peinado con secado por aire.

_____

118. Explique por qué se recomienda secar parcialmente con una toalla el cabello tratado químicamente antes de secarlo con secador.

_____

119. Explique cómo distribuir la loción de peinado de manera uniforme. _____

SECADO DEL CABELLO POR AIRE

120. Explique por qué razón el aire caliente se dirige directamente a la cabeza.

_____

121. Explique cómo dirigir el aire para realizar un peinado con secado por aire.

_____

122. Mencione tres razones para dirigir el flujo de aire hacia la mitad superior del cepillo con un movimiento de vaivén.

a. _____   b. _____

c. _____

123. Describa cómo dirigir el secador.

_____

124. Explique cómo evitar quemaduras serias en el cuero cabelludo.

_____

125. Describa cómo enfriar el cabello antes de peinarlo.

_____

126. Explique por qué el cuero cabelludo debe estar completamente seco al acabar el peinado.

_____

127. Mencione dos ventajas de completar el peinado con una aplicación de laca.

a. _____   b. _____

CEPILLOS Y PEINES

128. Explique con qué se realiza el peinado real. _____

129. Describa el propósito del secador. _____

130. Mencione dos factores que determinan el tamaño del cepillo.

     a. _____

     b. _____

131. Compare los tamaños de cepillos que se utilizan en los cabellos corto, medio o largo.

     _____

     _____

132. Explique cómo evitar quemaduras en el cuero cabelludo. _____

SECADOR DE MANO

133. Explique qué sucede cuando el secador no está libre de suciedad o cabello.

     _____

134. Explique por qué la entrada de aire en la parte posterior del secador debe estar siempre despejada.

     _____

     _____

TÉCNICAS DE SECADO POR AIRE

135. Describa cómo dar un poco de elevación al cabello de la coronilla.

     _____

136. Explique cómo crear un efecto de paje. _____

137. Explique cómo crear una parte superior suave con una cresta.

     _____

     _____

ONDULACIÓN POR AIRE

138. Mencione una técnica similar a la ondulación por aire. _____

139. Mencione dos accesorios que se utilizan en la ondulación por aire.

     a. _____

     b. _____

140. Mencione tres servicios que se realizan antes de la ondulación por aire.

a. _____   b. _____

c. _____

141. Explique por qué se debe peinar el cabello en la dirección de la onda deseada.

_____

142. Explique cuánto tiempo debe peinarse el cabello con el ondulador de aire.

_____

143. Explique por qué el cabello debe estar ligeramente húmedo.

_____

CONFORMACIÓN DEL CABELLO CON PEINE

144. Mencione el área de la cabeza en donde se comienza la ondulación por aire. _____

145. Especifique desde qué parte se introduce el peine. _____

146. Explique cómo formar la primera cresta.

_____

_____

_____

147. Mencione el área de la cabeza en donde se comienza la segunda cresta.

_____

148. Mencione otro accesorio importante que puede utilizarse con el peine del ondulador.

_____

PRECAUCIONES DE SEGURIDAD

149. Mencione dos precauciones de seguridad asociadas con el secador de mano.

a. _____

b. _____

150. Explique cómo evitar quemaduras en el cuero cabelludo cuando se trabaja con un peine metálico.

_____

151. Explique por qué el cuero cabelludo debe estar completamente seco cuando se termine el rizado o la ondulación.

_____

REVISIÓN DE VOCABULARIO

celuloide	no inflamable	tirabuzón
croquignole	puntas con ganchos	vaporizada
cubierta	rizar	varilla
inflamable	rizos terminales	volumen
lubricante	templar	
marcel	térmico	

PRUEBA DE CONCORDANCIA

Coloque el término o la frase correctos delante de cada definición.

base	peinado con secado por aire	rizo sin base
borde interno	rizo con base	rizo terminal
cubierta	rizo con base de volumen	tirabuzón
ondulación por aire	rizo de croquignole	varilla
ondulado térmico	rizo de media	

1. _____ rizo que proporciona la elevación o el volumen máximos

2. _____ rizo que cuelga adecuado para peinados con cabello largo

3. _____ rizo que proporciona todo el volumen

4. _____ técnica de secado y peinado del cabello en un mismo procedimiento

5. _____ parte de las tenazas térmicas que es una barra sólida de acero perfectamente redonda

6. _____ rizo que proporciona poca elevación o volumen

7. _____ el arte de ondular el cabello utilizando las tenazas de marcel convencionales

8. _____ rizo que se utiliza para dar un aspecto de acabado a las puntas

9. _____ rizo que proporciona elevación o volumen moderados

10. _____ parte de las tenazas térmicas que es perfectamente redonda con el interior acanalado

PRUEBA DE REVISIÓN RÁPIDA

Coloque la palabra correcta en el espacio libre de cada una de las oraciones.

apretados	equilibradas	opuesta
cara	fino	peine
celuloide	flexible	poroso
cepillo	goma	preliminar
crecimiento	guía	puntas
cuero cabelludo	húmedo	quemaduras
dañado	libera	rotas
de recubrimiento	lubricante	secarlo con toalla
despejada	lubricar	seguro
de vaivén	metálico	suaviza
elasticidad	mismo	temple
enfriado	normal	vapores

1. El rizado térmico suprime peinar el cabello mientras está _____.

2. Para proteger al cliente, se utiliza un _____ entre el cuero cabelludo y las tenazas térmicas.

3. Colocar las tenazas demasiado cerca del calor puede producirle_____
   al quitarlas.

4. El aire caliente del secador de mano debe dirigirse en un movimiento_____.

5. Al tomar un mechón de cabello sin ondular con el peine, incluir una pequeña porción de cabello
   ondulado sirve de _____ para la formación de la nueva onda.

6. El cabello fino, aclarado o dañado seriamente soporta menos calor que el cabello _____.

7. No deben utilizarse peines _____para el rizado térmico, ya que pueden calentarse y
   quemar el cuero cabelludo.

8. La entrada de aire en la parte posterior del secador debe estar siempre _____.

9. El _____ natural del cabello determina si la onda será hacia la derecha o hacia la izquierda.

10. Inhalar los _____ de las tenazas es perjudicial para los pulmones.

11. Antes de utilizar el secado por aire en cabellos tratados químicamente o dañados, es necesario _____.

12. Con frecuencia, las tenazas que se sobrecalientan pierden el _____.

13. Las lociones de peinado contienen una sustancia _____ que le da al cabello más cuerpo.

14. No deben utilizarse peines con púas _____ para el rizado térmico, ya que pueden romper o partir el cabello o dañar el cuero cabelludo.

15. Para peinar con secado por aire se dirige el aire desde el cuero cabelludo hacia la _____ del cabello.

16. No debe acercar las tenazas calientes a la _____ para comprobar la temperatura.

17. El cabello tratado químicamente o dañado pierde _____.

18. Debe _____ las uniones de las tenazas para obtener mayor facilidad en los movimientos.

19. Debe colocar las tenazas térmicas en un lugar _____ para que se enfríen.

20. Una vuelta final de las tenazas térmicas dentro del rizo _____ los extremos y _____ el cabello de las tenazas.

21. Al secar con secador, los cepillos de menor diámetro producen rizos_____.

22. Los acondicionadores de cabello que contienen _____ se recomiendan para los cabellos dañados por un excesivo uso del secador.

23. El cabello debe estar completamente _____ antes de peinarlo.

24. Las tenazas que no están adecuadamente _____ en el calentador pueden caerse y lastimar a alguien.

25. El aire caliente se dirige directamente hacia la cabeza sólo para el secado _____.

26. Con frecuencia, el cabello grueso o gris puede soportar más calor que el cabello _____.

27. El peinado y la longitud del cabello determinan el tamaño del _____.

28. Los peines de _____ no deben utilizarse para el rizado térmico ya que son inflamables.

29. Al secar con secador de mano, el aire caliente se dirige alejándolo del _____ del cliente para evitar quemaduras serias.

30. Un rizo se quita de las tenazas empujándolas en una dirección mientras se empuja el peine en la dirección _____ .

PRUEBA DE OPCIÓN MÚLTIPLE

Lea con detenimiento cada oración, luego escriba en el espacio libre de la derecha la letra que representa la palabra o frase que completa la expresión.

1. El movimiento giratorio de las tenazas se realiza utilizando sólo:

    a) el pulgar   b) los dedos

    c) la muñeca   d) el brazo   _____

2. El rizado térmico no se recomienda para:

   a) cabello lacio
   c) pelucas y postizos

   b) cabellos prensados
   d) cabellos tratados químicamente   _____

3. La creación de peinados sin emplear el tiempo necesario de marcar, secar y peinar se denomina:

   a) peinado con secador de mano
   c) marcado húmedo

   b) marcado con rulos
   d) peinado húmedo   _____

4. Los peines que se utilizan con las tenazas térmicas deben tener:

   a) púas que faltan
   c) púas finas

   b) púas rotas
   d) púas gruesas   _____

5. Un peinado no se mantendrá si el cuero cabelludo está:

   a) seco
   c) firme

   b) húmedo
   d) flexible   _____

6. El rizado y el ondulado térmico es el arte de rizar y ondular el cabello:

   a) lacio o prensado
   c) rizado

   b) ondulado
   d) muy rizado   _____

7. La suciedad y la grasa se quitan de las tenazas térmicas lavándolas en una solución jabonosa que contenga unas gotas de:

   a) detergente
   c) alcohol

   b) desinfectante
   d) amoníaco   _____

8. La ondulación por aire es una técnica similar a:

   a) ondulación con los dedos
   c) ondulado térmico

   b) ondulado permanente
   d) ondulado con secador   _____

9. La temperatura de las tenazas térmicas calientes se comprueba sobre:

   a) una toalla oscura
   c) un mechón de cabello

   b) un paño húmedo
   d) un trozo de papel de seda   _____

10. Las lociones de peinado se aplican al cabello después del lavado para facilitar:

    a) la tintura
    c) el rizado u ondulado con secador

    b) el aclarado
    d) el relajante químico   _____

11. Los peines que se utilizan para el rizado térmico deben estar hechos de:

    a) ebonita
    c) metal

    b) goma
    d) plástico   _____

12. Las tenazas tibias deben utilizarse en cabello:

    a) gris
    c) grueso

    b) resistente
    d) teñido o aclarado   _____

13. La técnica de rizar el cabello con tenazas térmicas fue desarrollada por:

    a) Charles Nessler
    c) Rousseau Sabouraud

    b) Marcel Grateau
    d) Pierre Marcel   _____

14. Para peinar el cabello con un ondulador de aire es necesario que el cabello esté:

    a) graso

    c) levemente húmedo

    b) seco

    d) mojado

15. Para la formación del rizo de croquignole se necesita/n:

    a) un bucle

    c) tres bucles

    b) dos bucles

    d) cuatro bucles

16. Para asegurar un buen rizado u ondulado térmico, el cabello del cliente debe estar:

    a) sucio

    c) limpio

    b) graso

    d) húmedo

17. Para recibir un servicio de rizado con secador, el cabello debe estar conformado con:

    a) las puntas cortadas

    c) las puntas crespas

    b) las puntas rebajadas

    d) las puntas con ganchos

18. El uso de tenazas térmicas eléctricas vaporizadas en el cabello prensado puede revertir en su natural:

    a) rizado

    c) color

    b) elasticidad

    d) porosidad

19. Las tenazas térmicas se enrollan en el cabello a:

    a) 2,5 cm del cuero cabelludo

    c) 5 cm del cuero cabelludo

    b) 3,75 cm del cuero cabelludo

    d) 6,5 cm del cuero cabelludo

20. El cabello de cada cliente debe peinarse de acuerdo con los deseos del:

    a) cosmetólogo

    c) cliente

    b) gerente del salón

    d) cónyuge del cliente

21. Las pinzas de las tenazas se abren sólo con el dedo meñique o con el meñique y el:

    a) pulgar

    c) corazón

    b) dedo índice

    d) anular

22. Los peines que se utilizan para ondular con aire o con secador deben estar hechos de ebonita o:

    a) plástico

    c) celuloide

    b) metal

    d) goma

23. Las tenazas térmicas proporcionan un calor uniforme controlado completamente por el:

    a) fabricante

    c) gerente del salón

    b) cliente

    d) cosmetólogo

24. Usar tenazas térmicas en cabellos tratados químicamente puede hacer que el cabello:

    a) se quiebre

    c) se oscurezca

    b) se vuelva más saludable

    d) se aclare

25. Antes de realizar un rizado térmico a un cabello espeso o voluminoso, éste debe:

    a) aclararse

    c) entresacarse y afinarse

    b) oscurecerse

    d) ondularse de manera permanente

11

ONDULADO PERMANENTE

Fecha _____

Calificación _____

Texto de las páginas 223-260

Aspecto a considerar

Siga las indicaciones según las exactas palabras del profesor. Incluya los plazos. Habitúese a ser organizado—, ¡esto hace la vida mucho más sencilla!

ELECCIÓN DE LA TÉCNICA DE PERMANENTE CORRECTA

1. Mencione dos maneras de obtener la información necesaria para elegir el producto y la técnica de permanente adecuados para cada cliente.

   a. _____

   b. _____

2. Identifique una característica necesaria para aplicar una permanente con éxito. _____

3. Mencione tres habilidades básicas para una permanente que requieren una práctica considerable.

   a. _____   b. _____

   c. _____

4. Explique cómo determinar las expectativas del cliente.

   _____

5. Mencione cuatro aspectos que debe conocer durante la consulta.

   a. _____

   b. _____

   c. _____

   d. _____

6. Identifique el tiempo que lleva realizar la consulta a un cliente de permanente. _____

7. Mencione tres razones por las que el tiempo que se toma en realizar la consulta vale el esfuerzo.

   a. _____

   b. _____

   c. _____

8. Explique qué hacer con la información obtenida en la consulta al cliente.

_____

ANÁLISIS PREVIO

9. Mencione tres factores determinados por el análisis previo.

   a. _____

   b. _____

   c. _____

10. Explique qué hacer cuando hay abrasiones, irritaciones o llagas abiertas en el cuero cabelludo.

    _____

11. Mencione cinco características físicas del cabello que es necesario analizar.

    a. _____   b. _____

    c. _____   d. _____

    e. _____

12. Mencione cuatro clases de productos químicos que, utilizados en el cabello con anterioridad, afectan a la elección de la permanente.

    a. _____

    b. _____

    c. _____

    d. _____

13. Explique el resultado de un análisis previo incorrecto.

    _____

14. Describa la porosidad. _____

15. Mencione dos factores que guardan una relación directa con la porosidad del cabello.

    a. _____

    b. _____

16. Mencione el factor del que más depende el tiempo de proceso._____

17. Mencione seis factores que afectan a la porosidad del cabello.

   a. _____   b. _____

   c. _____   d. _____

   e. _____   f. _____

18. Mencione tres clasificaciones generales de cabellos que absorben líquidos con facilidad.

   a. _____

   b. _____

   c. _____

19. Describa cómo comprobar la porosidad en un mechón de cabello.

   _____

   _____

20. Explique cómo determinar si el cabello no es poroso.

   _____

21. Explique cómo determinar si el cabello es poroso.

   _____

22. Describa el cabello con porosidad baja. _____

23. Identifique el tiempo de proceso y la fuerza de la loción onduladora necesarios para el cabello con porosidad baja. _____

24. Describa el cabello con porosidad buena.

   _____

25. Identifique el tiempo de proceso necesario para el cabello con porosidad buena.

   _____

26. Describa el cabello poroso.

   _____

   _____

27. Identifique el tiempo de proceso y el tipo de permanente necesarios para el cabello poroso.

   _____

28. Describa el cabello superporoso. _____

29. Explique cómo tratar el cabello superporoso.

    _____

30. Describa el cabello cuya porosidad no es uniforme.

    _____

31. Mencione dos razones por las que se recomienda una loción previa al enrollamiento para los cabellos con porosidad no uniforme.

    a. _____

    b. _____

32. Defina la textura. _____

33. Compare el cabello fino y el grueso.

    _____

34. Compare la importancia de la textura al estimar el tiempo de proceso para el cabello fino y grueso de igual y diferente porosidad.

    _____

    _____

    _____

35. Defina la elasticidad. _____

36. Describa cómo probar la elasticidad. _____

37. Explique cómo determinar si el cabello tiene poca o ninguna elasticidad.

    _____

38. Mencione otros dos signos de poca elasticidad.

    a. _____   b. _____

39. Explique por qué el cabello que carece completamente de elasticidad no tomará satisfactoriamente una permanente.

    _____

40. Describa el cabello con buenas cualidades elásticas.

    _____

41. Defina la densidad o grosor. _____

42. Explique qué se determina por la densidad del cabello. _____

43. Compare las particiones necesarias para el cabello grueso y para el fino.

_____

_____

44. Explique qué sucede cuando se enrolla demasiado cabello en los bigudíes.

_____

45. Explique qué sucede cuando el cabello se estira hacia el bigudí.

_____

46. Identifique la longitud de cabello ideal para la permanente. _____

47. Identifique el número de vueltas que debe dar el cabello alrededor del bigudí. _____

48. Explique por qué deben usarse particiones más pequeñas para el cabello de más de 15 cm.

_____

SELECCIÓN DE LA PERMANENTE

49. Explique de qué depende la selección de la permanente.

_____

_____

50. Mencione dos tipos de cabello que necesitan una permanente de envoltura de loción alcalina o de envoltura alcalina con agua.

a. _____

b. _____

51. Mencione tres tipos de cabello que necesitan una permanente de envoltura alcalina con agua o con equilibrio ácido.

a. _____   b. _____

c. _____

52. Mencione cinco tipos de cabello que necesitan una permanente con equilibrio ácido.

a. _____

b. _____

c. _____

d. _____

e. _____

LAVADO PREVIO A LA PERMANENTE

53. Explique por qué se recomiendan los champús previos a la permanente para obtener los mejores resultados.

_____

54. Mencione cuatro causas del recubrimiento del cabello.

a. _____

b. _____

c. _____

d. _____

55. Explique por qué el cabello debe estar libre de todo recubrimiento antes de realizar una permanente.

_____

56. Explique por qué deben evitarse los cepillados, peinados, estirados o frotes enérgicos antes de una permanente.

_____

57. Identifique el tiempo que debe dejar el champú en el cabello que está muy recubierto.

_____

58. Describa el propósito de un enjuagado a fondo.

_____

CORTE O CONFORMADO PREVIO A LA PERMANENTE

59. Explique por qué el cabello adquiere textura o se afina después de la permanente.

_____

60. Explique cómo conformar el cabello cuando el cliente desea un peinado completamente nuevo.

_____

BIGUDÍES PARA LA PERMANENTE

61. Mencione qué controla el tamaño del bigudí. _____

62. Mencione el material del que están hechos la mayoría de los bigudíes de permanente. _____

63. Identifique entre qué tamaños oscilan los bigudíes. _____

64. Mencione tres colores para designar los bigudíes **pequeños**.

    a. _____   b. _____

    c. _____

65. Mencione tres colores para designar los bigudíes **medianos**.

    a. _____   b. _____

    c. _____

66. Mencione cuatro colores para designar los bigudíes **grandes**.

    a. _____   b. _____

    c. _____   d. _____

67. Mencione tres longitudes de bigudíes.

    a. _____   b. _____

    c. _____

68. Describa los bigudíes cóncavos.

    _____

    _____

69. Describa el tipo de rizo que produce un bigudí **cóncavo**.

    _____

70. Describa los bigudíes rectos. _____

71. Describa el tipo de rizo que produce un bigudí **recto**.

    _____

72. Explique cómo fijar el cabello al bigudí.

    _____

73. Mencione dos factores que hay que considerar **al elegir el tamaño del bigudí**.

    a. _____

    b. _____

74. Mencione tres factores que determinan el éxito **al crear un peinado**.

    a. _____   b. _____

    c. _____

75. Mencione tres características del cabello importantes para la selección del tamaño del bigudí.

    a. _____   b. _____

    c. _____

76. Mencione el factor determinante para la selección del bigudí. _____

77. Describa las particiones y los bigudíes necesarios para el cabello de textura gruesa y elasticidad normal.

    _____

78. Describa las particiones y los bigudíes necesarios para el cabello de textura media y elasticidad media.

    _____

79. Describa las particiones y los bigudíes necesarios para el cabello de textura fina y elasticidad baja.

    _____

80. Describa las particiones y los bigudíes necesarios para la zona de la nuca.

    _____

81. Describa las particiones y el enrollamiento necesarios para el cabello largo.

    _____

SECCIONADO Y PARTICIÓN

82. Defina el seccionado.

    _____

83. Explique por qué el seccionado facilita el trabajo.

    _____

84. Defina la partición o la formación de bloques. _____

85. Explique por qué la formación de bloques es necesaria. _____

    _____

86. Mencione las cinco normas generales que ayudan a asegurar una formación de bloques uniformes.

    a. _____   b. _____

    c. _____   d. _____

    e. _____

PATRONES DE ENROLLAMIENTO

87. Identifique qué determina el patrón de enrollamiento. _____

88. Mencione seis patrones de enrollamiento populares.

    a. _____   b. _____

    c. _____   d. _____

    e. _____   f. _____

89. Concordancia. *Busque la concordancia entre los patrones de enrollamiento de la izquierda y los resultados deseados de la derecha.*

    _____ 1. halo doble   A. crea un efecto de peinado suave, relleno y alto

    _____ 2. corona caída   B. se utiliza para el cabello más largo y para un efecto de corona suave

    _____ 3. halo simple   C. se utiliza para cabezas grandes

    _____ 4. permanente apilada   D. se utiliza con cabello largo para crear rizos apretados y elásticos

    _____ 5. parte posterior lisa E. se utiliza para cabezas de tamaño medio para crear rizos uniformes

    _____ 6. enrollamiento espiral F. se utiliza para obtener rizos mayores en la nuca

ENROLLAMIENTO DEL CABELLO

90. Describa cómo debe enrollarse el cabello para crear una onda o patrón de rizos uniforme.

    _____

91. Explique qué sucede si el cabello está enrollado muy apretado.

    _____

    _____

92. Describa la base.

    _____

93. Describa cómo mantener el mechón de cabello para formar un rizo sobre la base. _____

94. Describa las clases de peinado que necesitan rizos sobre la base. _____

95. Describa cómo mantener el mechón de cabello para formar un rizo sin base. _____

96. Describa las clases de peinados que necesitan rizos sin base.

    _____

97. Describa cómo mantener el mechón de cabello para formar un rizo con la mitad fuera de la base.

_____

98. Describa las clases de peinados que necesitan rizos con la mitad fuera de la base.

_____

99. Describa las envolturas o papeles de las puntas.

_____

100. Mencione tres razones para utilizar envolturas terminales.

a. _____

b. _____

c. _____

101. Mencione tres métodos de aplicación de las envolturas terminales.

a. _____   b. _____

c. _____

102. Mencione el nivel de humedad que debe tener el cabello para realizar las envolturas.

_____

103. Explique qué sucede cuando las particiones son demasiado largas.

_____

104. Explique qué hacer si el cabello se seca mientras está poniendo las envolturas. _____

105. Mencione los cinco pasos necesarios para realizar la envoltura terminal con papel doble.

a. _____

b. _____

c. _____

d. _____

e. _____

106. Numere las ilustraciones (1-5) en el orden correcto para enrollar un mechón de cabello.

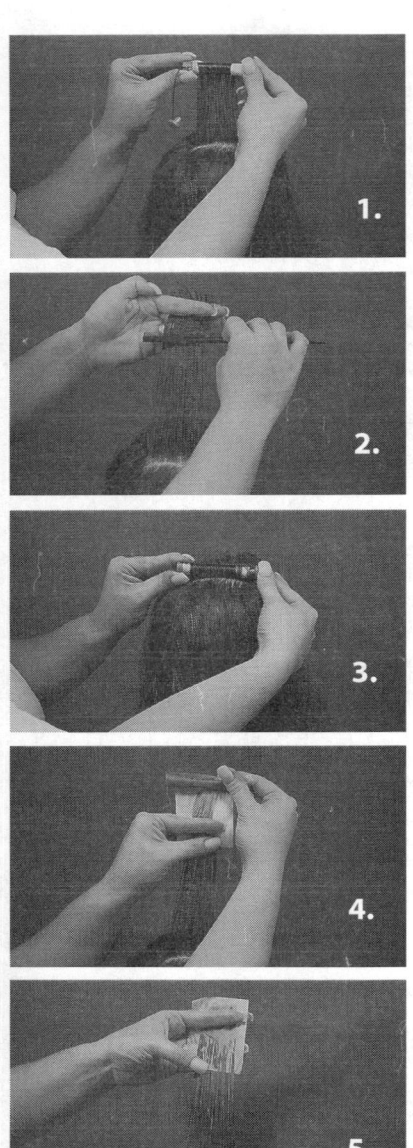

a. _____

b. _____

c. _____

d. _____

e. _____

107. Explique cómo evita que la banda rompa el cabello.

_____

108. Mencione las diferencias entre la envoltura terminal con papel simple y la envoltura con papel doble.

_____

_____

109. Mencione las diferencias entre la envoltura terminal en libro y la envoltura con papel doble.

_____

_____

110. Explique por qué el método de enrollamiento a horcajadas es especialmente adecuado para cabellos muy largos.

_____

_____

111. Compare los resultados del enrollamiento a horcajadas con bigudíes grandes al enrollamiento con bigudíes medianos o pequeños.

_____

_____

112. Mencione los diez pasos necesarios para el método de enrollamiento a horcajadas.

a. _____

b. _____

c. _____

d. _____

_____

e. _____

f. _____

g. _____

_____

h. _____

i. _____

j. _____

113. Mencione dos razones para evitar excesivo volumen de cabello en los bigudíes.

a. _____

_____

b. _____

_____

114. Explique cómo evitar puntas con ganchos.

_____

_____

RIZOS DE PRUEBA PRELIMINARES

115. Explique el propósito de los rizos de prueba preliminares.

_____

116. Mencione cuatro estados del cabello para los que se recomienda realizar rizos de prueba preliminares.

a. _____   b. _____

c. _____   d. _____

117. Mencione dos datos adicionales que se obtienen de las pruebas preliminares.

a. _____

b. _____

118. Mencione los seis pasos necesarios para los rizos de prueba preliminares.

a. _____

b. _____

_____

c. _____

d. _____

_____

e. _____

f. _____

119. Especifique el número de vueltas necesario para desenrollar un rizo cuando se comprueba un rizo de prueba.

_____

120. Mencione cómo se sostiene el cabello cuando se comprueba un rizo de prueba.

_____

121. Describa cómo mover el bigudí cuando se comprueba un rizo de prueba.

_____

122. Describa el patrón final del rizo de prueba.

_____

123. Explique por qué la formación de la "S" en el cabello fino y claro es más difícil de interpretar que la formación de la "S" en el cabello grueso y espeso.

_____

_____

124. Explique por qué el cabello largo produce una onda más ancha junto al cuero cabelludo que el cabello corto.

_____

125. Mencione los cuatro pasos necesarios para completar los rizos de prueba.

a. _____

b. _____

c. _____

d. _____

126. Explique qué debe hacer si los rizos de prueba recibieron un procesado excesivo.

_____

127. Explique qué debe hacer si los resultados de los rizos de prueba son satisfactorios.

_____

128. Describa el cabello con procesado excesivo. _____

129. Explique por qué el cabello con un procesado excesivo no puede peinarse para producir ondas correctas.

_____

130. Explique qué debe hacer con el cabello que recibió un procesado excesivo.

_____

131. Mencione tres causas del procesado excesivo.

a. _____

b. _____

c. _____

132. Explique la causa del procesado insuficiente. _____

133. Describa el cabello con procesado insuficiente.

_____

_____

134. Una cada ilustración de mechón de cabello con la descripción correcta.

1.

2.

_____ 1.   a. rizo con procesado excesivo

_____ 2.   b. enrollamiento incorrecto

_____ 3.   c. puntas porosas

3.

_____ 4.   d. rizo con procesado insuficiente

_____ 5.   e. buenos resultados

4.

5.

135. Mencione tres condiciones necesarias para volver a aplicar la permanente al cabello con procesado insuficiente.

a. _____   b. _____

c. _____

136. Explique por qué las lociones usadas para la permanente deben usarse con cuidado.

_____

137. Mencione siete precauciones que deben tomarse al realizar una permanente.

a. _____

_____

b. _____

c. _____

_____

d. _____

e. _____

_____

f. _____

g. _____

TÉCNICAS DE PERMANENTE

138. Mencione ocho instrumentos necesarios para realizar una permanente.

a. _____   b. _____

c. _____   d. _____

e. _____   f. _____

g. _____   h. _____

139. Explique con qué frecuencia el cosmetólogo debe leer las instrucciones del producto de permanente.

_____

APLICACIÓN DE LA LOCIÓN ONDULADORA

140. Identifique dos medidas de seguridad que debe tomar para prevenir que la loción onduladora entre en contacto con la piel.

_____

_____

141. Explique cómo lograr un goteo mínimo.

_____

142. Mencione qué debe hacer con el algodón después de aplicar la loción onduladora.

_____

_____

143. Describa la manera de aplicar la loción onduladora en los rizos enrollados.

_____

_____

144. Defina el tiempo de procesado.

_____

_____

145. Mencione dos factores que determinan el tiempo de procesado.

a. _____   b. _____

146. Explique la importancia de dar el tiempo exacto al procesado de permanente.

_____

147. Explique por qué debe usar sólo como guía un registro de los tiempos de procesado anteriores.

_____

_____

148. Mencione cinco ejemplos de cuándo puede ser necesario volver a empapar todos los bigudíes.

a. _____

b. _____

c. _____

d. _____

e. _____

149. Explique por qué debe vigilar estrechamente el desarrollo de la onda después de la segunda aplicación de la loción.

_____

150. Describa cómo colocar correctamente un gorro de plástico sobre los bigudíes.

_____

151. Explique lo que sucede si el gorro de plástico está demasiado suelto o no cubre todos los bigudíes.

_____

152. Identifique el nivel de calor y la cantidad de flujo de aire necesarios para un secador precalentado.

_____

153. Especifique el tiempo necesario para que el secador se caliente antes de colocar al cliente debajo de él.

_____

154. ¿Qué sucede si el cliente se sienta en una corriente de aire o demasiado cerca del aire acondicionado?

_____

155. Explique con qué frecuencia se da una formación óptima de los rizos.

_____

156. Explique cómo evitar el procesado excesivo y el insuficiente.

_____

157. Mencione tres áreas donde deben tomarse rizos de prueba.

   a. _____   b. _____

   c. _____

158. Describa la fuerza y la temperatura del agua necesarios para enjuagar la loción onduladora del cabello.

_____

159. Mencione el tiempo necesario para enjuagar el cabello. _____

160. Describa de qué parte de la estructura del cabello se enjuaga la loción onduladora.

_____

161. Identifique el área de la cabeza que es más difícil de enjuagar. _____

162. Mencione dos tipos de cabello que necesitan un tiempo de enjuagado máximo.

   a. _____   b. _____

163. Describa lo que sucede cuando la loción onduladora se deja en el cabello e interfiere en la acción del neutralizador.

_____

164. Explique cómo un enjuagado inadecuado puede hacer que el cabello se aclare.

_____

165. Describa cómo un enjuagado inadecuado puede dejar olor residual de permanente.

_____

_____

166. Explique por qué es necesario un secado cuidadoso antes de la neutralización.

_____

167. Describa cómo obtener los mejores resultados del secado con toalla.

_____

168. Explique por qué no debe inclinar ni girar los bigudíes durante el secado.

_____

169. Explique por qué debe quitar completamente el exceso de agua.

_____

_____

170. Explique cuándo debe aplicar una banda de algodón nueva y limpia alrededor del nacimiento del cabello.

_____

NEUTRALIZACIÓN

171. Describa la manera de aplicar neutralizador a los bigudíes.

_____

172. Mencione el tiempo que el neutralizador debe permanecer en el cabello. _____

173. Describa cómo quitar los bigudíes. _____

174. Explique qué hacer con el neutralizador que queda.

_____

175. Mencione la temperatura que debe tener el agua necesaria para enjuagar el cabello. _____

176. Explique por qué hay que evitar estirar o aplicar calor intenso en el cabello al que se le acaba de realizar una permanente.

_____

177. Identifique el número de horas que debe esperar para lavar, acondicionar o tratar con dureza el cabello.

_____

DIEZ INDICACIONES PARA OBTENER UNA PERMENENTE PERFECTA

178. Mencione las diez indicaciones para una permanente perfecta.

a. _____

b. _____

c. _____

d. _____

_____

e. _____

f. _____

g. _____

h. _____

i. _____

j. _____

_____

179. Mencione los cinco pasos necesarios para la limpieza final.

a. _____

b. _____

c. _____

d. _____

e. _____

180. Describa el enrollamiento direccional.

_____

_____

181. Mencione el número de direcciones principales de enrollamiento. _____

182. Mencione dos ventajas del enrollamiento direccional.

a. _____

b. _____

183. Mencione los tres pasos necesarios para el enrollamiento direccional.

a. _____

_____

b. _____

c. _____

ONDAS DE CUERPO

184. Defina la onda de cuerpo. _____

185. Explique por qué se utilizan bigudíes grandes o extragrandes. _____

186. Explique las similitudes entre las permanentes y las ondas de cuerpo.

_____

187. Explique las diferencias entre las permanentes y las ondas de cuerpo. _____

188. Explique por qué no debe hacer particiones demasiado grandes.

_____

_____

189. Explique por qué no debe reducir el tiempo de procesado.

_____

190. Explique por qué debe utilizar bigudíes rectos en lugar de cóncavos.

_____

191. Explique por qué las ondas de cuerpo son más suaves y más anchas que los rizos de permanente.

_____

_____

PERMANENTE PARCIAL

192. Describa la permanente parcial. _____

193. Mencione tres situaciones en las que se puede utilizar una permanente parcial.

a. _____

b. _____

c. _____

194. Explique cómo integrar el cabello con permanente con el cabello sin permanente.

_____

195. Describa dónde colocar un trozo de algodón después del enrollamiento.

_____

196. Explique cómo proteger las secciones a las que no se va a aplicar permanente de los efectos de la loción onduladora.

_____

197. Describa los efectos de la loción onduladora en el cabello no enrollado.

_____

PERMANENTES PARA HOMBRES

198. Mencione tres maneras en las que las permanentes ayudan a resolver problemas comunes del cabello a los hombres.

    a. _____

    b. _____

    c. _____

199. Mencione la técnica más utilizada por clientes masculinos.

_____

MÉTODO DE TENAZAS CALIENTES

200. Describa lo que se hace después de enrollar el cabello sobre los bigudíes y de empaparlo a fondo con la loción onduladora.

_____

201. Especifique cuándo comienza el proceso. _____

202. Describa lo que sucede después de haber procesado el cabello.

_____

203. Mencione tres características de control especiales en el método de las tenazas calientes.

    a. _____

    b. _____

    c. _____

SITUACIONES ESPECIALES

204. Explique qué debe hacer con el cabello seco, quebradizo o superporoso.

_____

_____

205. Explique qué hacer si la condición mejora.

_____

_____

206. Explique por qué no debe utilizar una permanente en el cabello tratado previamente con un relajante de hidróxido sódico o "sin lejía".

_____

_____

207. Describa el tipo de permanente que debe utilizar en el cabello teñido, decolorado, con transparencias o frizado o con permanentes previas que se encuentre en buenas condiciones. _____

_____

208. Explique cuándo el cabello teñido debe tratarse como cabello decolorado.

_____

209. Explique por qué el cabello tratado con un color semipermanente es, con frecuencia, más resistente a la permanente.

_____

210. Explique cuánto tiempo debe esperar antes de volver a aplicar el color semipermanente.

_____

211. Explique los efectos que tienen los productos con sales metálicas sobre el cabello.

_____

212. Mencione qué es lo que tiene que mezclar para realizar un ensayo 1-20.

_____

213. Describa lo que sucede si no hay presencia de sales metálicas.

_____

214. Describa lo que sucede si el cabello contiene plomo.

_____

215. Describa lo que sucede si el cabello contiene plata.

_____

216. Describa lo que sucede si el cabello contiene cobre.

_____

217. Explique la manera de saber si el cabello ya no está cubierto con sales metálicas. _____

_____

218. Explique el propósito de realizar una permanente al cabello rebelde, con rizos naturales, con un patrón de rizos irregular.

_____

219. Explique por qué debe elegir con cuidado la fórmula de permanente para el cabello naturalmente rizado.

_____

220. Mencione con qué frecuencia los clientes pueden volver para otra permanente. _____

221. Mencione tres factores que determinan la frecuencia para repetir la permanente.

a. _____   b. _____

c. _____

REVISIÓN DE VOCABULARIO

base	envolturas terminales	preliminar
cóncavo	formación de bloques	procesado excesivo
densidad	horcajadas	procesado insuficiente
destreza	neutralizador	punta con ganchos
diámetro	onda de cuerpo	relajamiento
elasticidad	particiones	seccionado
enrollamiento	permanente parcial	textura
enrollamiento direccional	porosidad	tiempo de procesado

PRUEBA DE CONCORDANCIA

Coloque el término o la frase correctos delante de cada definición.

base	particiones	procesado insuficiente
densidad	permanente parcial	seccionado
elasticidad	porosidad	segunda aplicación
onda de cuerpo	procesado excesivo	textura

1. _____ cantidad de cabellos por centímetro cuadrado

2. _____ división del cabello en áreas de trabajo uniformes

3. _____ condición provocada por el tiempo de procesado insuficiente de la loción onduladora

4. _____ capacidad del cabello de absorber líquidos

5. _____ permanente que proporciona una base y no un rizo definido

6. _____ plan conjunto para la colocación de bigudíes

7. _____ diámetro de cada cabello

8. _____ condición causada por dejar la loción onduladora en el cabello demasiado tiempo

9. _____ permanente hecha sólo en una sección de la cabeza

10. _____ capacidad del cabello de estirarse y contraerse

PRUEBA DE REVISIÓN RÁPIDA

Coloque la palabra en el espacio libre de cada una de las oraciones.

análisis	ganchos	opuesto
antes	grande	penetración
banda	guardarse	pequeño
bigudí	instrucciones	pobre
contraerse	más	poco
crespo	más fuerte	poroso
cuero cabelludo	más suave	recubrimiento
débil	mayor	resistente
después	mismas	rizado
elástico	neutralizador	sensible
exceso de volumen	neutralizar	temperatura
expandir	no uniforme	

1. El cabello debe estar libre de todo _____ antes de realizar una permanente.

2. Cuanto más _____ sea el cabello, menos tiempo de procesado necesita.

3. Un _____ de cabello en el bigudí impide la penetración de la loción onduladora y del neutralizador.

4. La loción onduladora o el neutralizador sobrantes no deben _____

5. Las técnicas de permanente son básicamente las _____ para hombres que para mujeres.

6. El cabello con un procesado insuficiente tiene una formación de la onda _____.

7. La medida del _____ determina la medida del rulo.

8. Es necesario leer y seguir las _____ del producto con cuidado.

9. Un _____ de permanente incorrecto puede provocar un desarrollo del rizo insuficiente o daños en el cabello.

10. Para prevenir las puntas con _____, deben enrollarse primero las envolturas terminales sin puntas de cabello entre ellas.

11. El enrollamiento a horcajadas permite un control máximo sobre la medida y el apretado del rizo, desde el _____ hasta los extremos.

12. El cabello tratado con color semipermanente es, con frecuencia, _____ a la permanente.

13. Cuanto más poroso sea el cabello, más _____ será la solución de ondular necesaria.

14. La cresta de onda en cabellos finos y claros puede estar _____ definida y puede ser _____ de estimar.

15. Con el método de tenazas calientes, la _____ de los bigudíes está estrictamente controlada.

16. Debe entresacar o dar textura al cabello _____ de la permanente.

17. Un secado meticuloso tras el enjuagado asegura que el _____ penetre en el cabello completamente.

18. A fin de prevenir roturas, la _____ no debe presionar el cabello contra el cuero cabelludo.

19. El cabello que carece completamente de elasticidad ha perdido su capacidad de _____ después de estirarse.

20. Cepillar, peinar, estirar o frotar el cabello a fondo puede hacer que el cuero cabelludo se vuelva _____ a las soluciones de permanente.

21. El cabello fino tiene un diámetro _____, el cabello grueso tiene un diámetro_____.

22. El cabello enrollado de manera muy apretada impide una _____ de la loción onduladora y del neutralizador.

23. El cabello con un procesado excesivo es muy _____ cuando está mojado, pero _____ cuando está seco.

24. El tamaño de la formación de bloques nunca debe ser _____ que el tamaño del bigudí.

25. Si la porosidad del cabello es _____ se recomienda una loción para antes del enrollamiento.

PRUEBA DE OPCIÓN MÚLTIPLE

Lea con detenimiento cada oración, luego escriba en el espacio libre de la derecha la letra que representa la palabra o frase que completa la expresión.

1. El grado en que el cabello absorbe la loción onduladora se relaciona con:

    a) la textura
    b) la longitud
    c) la elasticidad
    d) la porosidad _____

2. Después de realizar la permanente, el cabello no debe lavarse, acondicionarse o tratarse con dureza durante:

    a) 24 horas
    b) 48 horas
    c) 72 horas
    d) 96 horas _____

3. Las permanentes alcalinas se recomiendan para cabellos:

    a) finos y resistentes
    b) teñidos y porosos
    c) normales a delicados
    d) decolorados _____

4. Para crear flequillos en la frente, los dos primeros rizos de la parte superior se enrollan:

    a) hacia atrás
    b) hacia delante
    c) hacia el lado derecho
    d) hacia el lado izquierdo _____

5. El factor determinante para elegir la medida de un bigudí es, ¿qué característica del cabello?:

    a) la porosidad
    b) la densidad
    c) la elasticidad
    d) la textura _____

6. El cabello que contiene cobre se detecta por:

    a) un brillo suave
    b) unos centelleos rápidos
    c) un olor desagradable
    d) ninguna reacción _____

7. El método de enrollamiento especialmente adecuado para el cabello muy largo es el de:

    a) halo simple
    b) halo doble
    c) horcajadas
    d) corona caída _____

8. La loción onduladora que entra en contacto con los ojos o la piel debe:

    a) secarse
    b) limpiarse
    c) frotarse
    d) enjuagarse a fondo _____

9. El cabello debe enrollarse suave y completamente en cada bigudí sin:

   a) separarlo en bloques antes
   c) papeles en las puntas
   b) peinarlo antes
   d) estirarlo

10. Para comprobar un rizo de prueba, debe desenrollar el rizo:

    a) 1 vuelta
    c) 2 vueltas
    b) 1½ vueltas
    d) 2½ vueltas

11. Para las permanentes que necesitan secado con calor, el secador debe estar:

    a) precalentado
    c) tibio
    b) cálido
    d) frío

12. Estirar o tirar del cabello hacia el bigudí al enrollarlo puede hacer que el cabello:

    a) pierda color
    c) se haga poroso
    b) se rompa
    d) crezca con más rapidez

13. Un bigudí cuyo diámetro es el mismo en toda su longitud es:

    a) corto
    c) cóncavo
    b) largo
    d) recto

14. En el mismo día, el cliente no debe hacerse una permanente y un/a:

    a) peinado
    c) tratamiento de manicura
    b) tinte
    d) tratamiento de pedicura

15. Cuando se va a realizar una permanente a un cabello de más de 15 cm, es necesario utilizar:

    a) particiones pequeñas
    c) particiones grandes
    b) particiones medianas
    d) particiones muy grandes

16. Cuando el mechón se mantiene en posición hacia arriba, el rizo se apoyará:

    a) sobre la base
    c) sin base
    b) con la mitad sobre la base
    d) con la mitad fuera de la base

17. Los gorros de plástico deben ser estanco de aire y deben cubrir:

    a) los bigudíes de la parte superior
    c) los bigudíes de los lados
    b) los bigudíes de la parte posterior
    d) todos los bigudíes

18. Antes de realizar una permanente, el cabello debe lavarse y:

    a) cepillarse
    c) secarse con toalla
    b) estirarse
    d) lubricarse

19. La acción de la loción onduladora:

    a) contrae el cabello
    c) acondiciona el cabello
    b) expande el cabello
    d) da color al cabello

20. El cabello con un procesado insuficiente puede recibir otra permanente con una loción:

    a) más suave
    c) más pesada
    b) más fuerte
    d) más cremosa

21. Un rizo más apretado en las puntas y más flojo cerca del cuero cabelludo se realiza con:

    a) un bigudí corto
    c) un bigudí cóncavo
    b) un bigudí largo
    d) un bigudí recto

22. Si al estirarlo levemente el cabello se rompe, tiene:

    a) una excelente elasticidad
    b) muy buena elasticidad
    c) buena elasticidad
    d) poca o ninguna elasticidad

    _____

23. El cabello tratado previamente con un relajante de hidróxido sódico o "sin lejía" no debe:

    a) lavarse
    b) peinarse
    c) recibir un estilo
    d) recibir una permanente

    _____

24. El tamaño de las particiones está determinado por:

    a) la porosidad del cabello
    b) la densidad del cabello
    c) la elasticidad del cabello
    d) la textura del cabello

    _____

25. El enrollamiento de halo doble normalmente se utiliza para:

    a) cabezas pequeñas
    b) cabezas medianas
    c) cabezas grandes
    d) un efecto de corona suave

    _____

26. Durante el tiempo de procesado, el desarrollo óptimo del rizo se produce:

    a) sólo una vez
    b) dos veces
    c) tres veces
    d) cuatro veces

    _____

27. La porosidad se detecta fácilmente en el cabello que:

    a) se enreda con facilidad
    b) no se enreda
    c) brilla
    d) es suave

    _____

28. Si el cabello se seca mientras lo está enrollando, debe mojarlo levemente con:

    a) laca
    b) agua
    c) loción de peinado
    d) lubricante

    _____

29. El cliente cuya permanente recibe un proceso a temperatura ambiente no debe sentarse:

    a) en una silla
    b) en un taburete
    c) en un banco
    d) en una corriente de aire

    _____

30. El largo del cabello que se considera ideal para recibir una permanente es:

    a) de 2,5 a 12,5 cm
    b) de 5 a 15 cm
    c) de 7,5 a 17,5 cm
    d) de 10 a 20 cm

    _____

31. Una decoloración grave o daños al cabello pueden ocurrir cuando se intenta realizar una permanente al cabello tratado con productos que contienen:

    a) peróxido de hidrógeno
    b) amoníaco
    c) sales metálicas
    d) champú aclarador

    _____

32. La mejor manera de mezclar los cabellos con permanente con los cabellos sin permanente es utilizando bigudíes:

    a) un tamaño menores
    b) dos tamaños menores
    c) un tamaño mayores
    d) dos tamaños mayores

    _____

33. Para un enlace óptimo, la mayoría de los neutralizadores deben permanecer en el cabello:

    a) 3 minutos
    b) 5 minutos
    c) 10 minutos
    d) 15 minutos

    _____

34. La diferencia principal entre la permanente y la base con cuerpo reside en:

    a) la medida de los bigudíes   b) la fuerza de la loción
    c) el tiempo de procesado   d) el tiempo de neutralización

35. Las envolturas terminales minimizan los riesgos de que el cabello:

    a) se expanda   b) se contraiga
    c) se decolore   d) se rompa

36. El cabello naturalmente rizado, difícil de manejar y con un patrón de rizos irregular puede recibir una permanente para formar:

    a) rizos más pequeños   b) rizos más apretados
    c) rizos más largos   d) rizos más crespos

37. Para realizar un enrollamiento, debe lavar el cabello y dejarlo:

    a) muy mojado   b) empapado
    c) húmedo   d) seco

38. El cabello con la capa de la cutícula cerca del tallo del cabello:

    a) tiene una porosidad baja   b) tiene una porosidad buena
    c) es poroso   d) es superporoso

39. Las permanentes para hombres ayudan a que el cabello con poco volumen se vea:

    a) más fino   b) con más volumen
    c) más oscuro   d) más claro

40. Un enjuagado insuficiente de la loción onduladora en el cabello procesado puede producir:

    a) un rizado excesivo   b) un olor peculiar
    c) un oscurecimiento del cabello   d) un relajamiento del rizo prematuro

41. Los bigudíes normalmente están hechos de:

    a) fibra de vidrio   b) plástico
    c) metal   d) acrílico

42. Con el método de tenazas calientes, el procesado comienza en cuanto:

    a) los bigudíes están enrollados en el cabello b) comienza la neutralización
    c) se aplican las tenazas   d) se enjuaga la loción onduladora
       calentadas previamente

43. Una cobertura en el cabello puede ser el resultado de un/a inadecuado/a:

    a) enjuagado   b) corte
    c) peinado   d) manipulación en el cuero cabelludo

44. El cabello grueso con buena elasticidad necesita:

    a) particiones y bigudíes pequeños   b) particiones y bigudíes grandes
    c) particiones pequeñas y bigudíes grandes d) particiones grandes y bigudíes pequeños

45. Para peinados con rizos cerca del cuero cabelludo, que no necesitan volumen o altura, los bigudíes se enrollan:

    a) sobre la base   b) sin base
    c) con la mitad sobre la base   d) con la mitad fuera de la base

46. A fin de determinar por adelantado la reacción del cabello de un cliente frente a una permanente, es necesario realizar una:

    a) prueba de parche
    b) prueba de mechón
    c) prueba de predisposición
    d) prueba de rizos preliminar

    _____

47. El cabello que es áspero después del secado y cuya elasticidad ha sido dañada en exceso:

    a) tuvo un procesado insuficiente
    b) tuvo un procesado excesivo
    c) está en buenas condiciones
    d) está apto para otra permanente

    _____

48. El exceso de agua que queda en el cabello puede diluir el neutralizador y producir rizos:

    a) débiles
    b) firmes
    c) elásticos
    d) con más movimiento

    _____

49. El producto de permanente adecuado debe elegirse de acuerdo con qué cosa del cliente:

    a) la forma de la cara
    b) la forma de la cabeza
    c) el tipo de cabello
    d) la estructura del cuerpo

    _____

50. La información reunida durante la consulta al cliente debe ser:

    a) ignorada
    b) parcialmente ignorada
    c) incluida en la ficha de registro del cliente
    d) tomada con desconfianza

    _____

Véase también *Milady's. Libro de ejercicios teóricos.*

12

TEÑIDO DEL CABELLO

Fecha _____

Calificación _____

Texto de las páginas 261-364

ASPECTO A CONSIDERAR

"Me gusta vivir. A veces he estado salvaje, desesperada, profundamente triste, atormentada por el dolor; pero, a pesar de todo, aún tengo la certeza de que estar viva es algo maravilloso". —Agatha Christie

PAPEL DEL COLORISTA EN LA COMUNICACIÓN CON EL CLIENTE

1. Un paso principal en el teñido del cabello es _____.

2. ¿Qué clase de iluminación es la preferida cuando se consulta por un teñido? _____
   Si no fuera posible, ¿cómo deben disponerse las luces?

   _____

3. En el espacio de consulta, las paredes deben ser _____ y se debe usar cobertura
   _____ para cubrir la ropa de calle del cliente.

4. ¿Qué instrumentos debe tener disponibles para la consulta de un cliente?

   a. _____

   b. _____

   c. _____

5. Mencione diez factores que debe tener en cuenta al observar a los clientes antes de realizar un tinte.

   a. _____   b. _____

   c. _____   d. _____

   e. _____   f. _____

   g. _____   h. _____

   i. _____   j. _____

6. Su credibilidad y su formalidad se establecen durante la _____, mientras que su apariencia, sus gestos seguros y el uso de la terminología profesional de la industria harán que usted quede establecido como una _____ ante los ojos del cliente.

7. Describa cómo lograr una iluminación incandescente. _____

8. Al discutir la selección del color con su cliente, es importante que usted _____.

9. Mencione cinco preguntas que le ayudarán a guiar al cliente hacia un servicio de teñido agradable y práctico.

   a. _____

   b. _____

   c. _____

   d. _____

   e. _____

10. Además de estas preguntas, es importante determinar si el cliente está siguiendo algún tipo de _____ y qué clase de _____ se utilizan.

11. ¿Cuándo recomendaría un servicio de teñido a un cliente?

    _____

12. Mencione las siete reglas básicas para la selección de color.

    a. _____

    b. _____

    c. _____

    d. _____

    e. _____

    f. _____

    g. _____

13. ¿Bajo qué condiciones no debe utilizarse un tinte oxidante?

    a. _____

    b. _____

    c. _____

14. Al determinar si es necesario realizar una prueba previa al servicio de teñido, debe considerar:

    a. _____

    b. _____

    c. _____

15. Debe explicarse anticipadamente y con cuidado el _____ y el _____ necesarios para el servicio de teñido.

16. Después de conversar con el cliente, usted deberá elegir el _____ que logrará el efecto deseado.

17. Explique por qué es importante registrar los resultados de la consulta en la ficha de registro del cliente.

    _____

18. Mencione qué se debe registrar en la ficha de registro del cliente.

    a. _____   b. _____

    c. _____   d. _____

    e. _____

19. Describa el fin de la declaración de descargo.

    _____

20. La Ley Federal de los E.U.A. sobre Alimentos, Medicamentos y Cosméticos (U.S. Federal Food, Drug and Cosmetic Act) dispone que una prueba de parche o de predisposición se dé _____ antes de cada aplicación de un tinte _____ a fin de identificar a un cliente alérgico.

21. Mencione los ocho pasos que debe seguir al realizar una prueba de predisposición.

    a. _____

    b. _____

    c. _____

    d. _____

    e. _____

    f. _____

    g. _____

    h. _____

22. Describa una alternativa a este procedimiento.

    _____

23. Si la prueba de parche es positiva, verá _____ y el servicio de teñido no debe realizarse. Si es negativa, no habrá signos de _____, y el color puede aplicarse sin riesgo.

24. ¿Qué puede suceder si un tinte derivado de la anilina se utiliza en las pestañas o en las cejas?

    _____

TÉCNICAS DE APLICACIÓN DE COLOR

25. La prueba preliminar con un mechón le ayudará a determinar:

    a. _____

    b. _____

26. Mencione los nueve pasos necesarios para realizar una prueba con un mechón.

    a. _____

    b. _____

    c. _____

    d. _____

    e. _____

    f. _____

    g. _____

    h. _____

    i. _____

27. Mencione los utensilios y materiales necesarios para aplicar un aclarador temporal.

    a. _____   b. _____

    c. _____   d. _____

    e. _____   f. _____

    g. _____   h. _____

    i. _____

28. Describa cómo preparar el cabello para un teñido temporal.

    _____

29. ¿Por qué debe proteger a los clientes con la banda de cuello y la capa?

    _____

30. Mencione los seis pasos necesarios para aplicar un aclarador temporal.

    a. _____

    b. _____

    c. _____

    d. _____

    e. _____

    f. _____

31. Mencione los seis pasos necesarios para la limpieza.

    a. _____

    b. _____

    c. _____

    d. _____

    e. _____

    f. _____

32. Al elegir un teñido semitemporal para un cabello de color sólido, seleccione un nivel de color que sea dos niveles _____ que el matiz deseado.

33. Debido a la _____ de luz, los colores fríos se interpretarán como más oscuros.
    Debido a la _____ de la luz, los colores cálidos parecerán más brillantes.

34. Debido a su carácter depositante, los colores semipermanentes pueden _____ en las puntas.

35. Algunos colores semipermanentes necesitan la _____ antes de la aplicación.

36. Mencione los utensilios y materiales necesarios para aplicar un tinte semitemporal.

    a. _____   b. _____

    c. _____   d. _____

    e. _____   f. _____

    g. _____   h. _____

    i. _____   j. _____

    k. _____   l. _____

    m. _____   n. _____

    o. _____   p. _____

37. Mencione los ocho pasos preliminares necesarios para aplicar un tinte semipermanente.

    a. _____

    b. _____

    c. _____

    d. _____

    e. _____

    f. _____

    g. _____

    h. _____

38. Mencione los doce pasos necesarios para aplicar un tinte semipermanente.

    a. _____

    b. _____

    c. _____

    d. _____

    e. _____

    f. _____

    g. _____

    h. _____

    i. _____

    j. _____

    k. _____

    l. _____

39. Mencione los tres pasos necesarios para la limpieza.

    a. _____

    b. _____

    c. _____

40. ¿Cúando son ideales los tintes de cabello solamente de depósito?

    a. _____

    b. _____

    c. _____

    d. _____

41. Puesto que poner color encima de otro color produce un efecto más oscuro, si intenta mantener la misma cantidad de profundidad, seleccione un tinte para depósito solamente que sea _____ que el del nivel natural del cliente.

42. ¿Por qué es importante considerar los cabellos sin pigmento al formular un tinte solamente de depósito?

    _____

43. El procedimiento de aplicación para un tinte de cabello solamente de depósito es similar al de un tinte _____, ya que ninguno altera la _____ del cabello ni producen _____.

44. Para obtener la cantidad de volumen del pigmento natural y para corregir la cantidad de pigmento depositado, debe seguir _____.

45. La reacción química que deriva del agregado de peróxido de hidrógeno al color se denomina

    _____.

46. ¿Por qué las tinturas compuestas deben utilizarse inmediatamente?

    _____

47. ¿Qué debe hacer con el tinte que sobra? _____

48. El tiempo de aplicación del tinte depende del producto y de

    _____.

49. La norma general es: cuanto más alto sea el _____ utilizado, _____ será el tiempo de procesado.

50. ¿Qué volumen de agua oxigenada utilizan la mayoría de los productos para colorear permanentes?

    _____

51. Cuando se desea un color más claro que necesita una mayor división de melanina, ¿qué volumen de agua oxigenada se utiliza? _____

52. Si la fuerza o el volumen se aumenta a pesar de las instrucciones recomendadas por el fabricante, ¿qué puede suceder? _____

53. ¿Por qué la mayoría de las soluciones de agua oxigenada se envasan en botellas opacas? _____

    _____

54. ¿Dónde deben guardarse las soluciones de agua oxigenada? _____

55. ¿Para qué se utiliza un hidrómetro?

    _____

56. ¿Por qué es importante usar utensilios limpios para medir, usar y almacenar el agua oxigenada?

   _____

57. Signos de que el agua oxigenada ha comenzado a descomponerse o a deteriorarse son:

   a. _____

   b. _____

   c. _____

58. Al usar agua oxigenada, ¿por qué debe evitarse el metal?

   _____

59. Mencione las dos clasificaciones de aplicaciones de tintes permanentes del cabello.

   a. _____

   b. _____

60. _____ tiene la capacidad de aclarar el cabello y de depositar pigmento al mismo tiempo.

61. Las aplicaciones para un teñido virgen y las aplicaciones de retoque son ejemplos de un teñido _____.

62. Mencione cinco ventajas de los tintes de proceso simple.

   a. _____

   b. _____

   c. _____

   d. _____

   e. _____

63. _____ logra el color deseado después de aplicar dos productos diferentes.

64. Durante la aplicación de un teñido de proceso doble, ¿por qué es posible una mayor gama de colores?

   _____

65. Los fabricantes ofrecen productos líquidos de teñido del cabello que usan un _____ estadounidense, y también tintes en crema o geles que se basan en el _____ europeo.

66. ¿Cómo se selecciona el color si el cliente desea tener uno más oscuro?

   _____

67. Si un cliente tiene el cabello teñido y desea aclararlo, ¿por qué debe utilizar un producto para remover el color antes de aplicar fórmula final? _____

68. Para seleccionar un color de acuerdo al _____, debe sustraer el nivel actual del nivel deseado.

69. Para elegir un color de acuerdo al _____, el nivel de color que elija será el que utilizará.

70. Mencione los dos procedimientos de aplicación que se utilizan para tintes permanentes.

   a. _____

   b. _____

71. Describa cómo mezclar el color a utilizar en una botella de aplicación.

   _____

72. Describa cómo mezclar el color a utilizar con un cepillo y una cubeta.

   _____

73. El cabello que no ha tenido servicios químicos y no ha sido dañado por factores naturales como el viento y el sol se denomina cabello _____.

74. Mencione los ocho pasos preliminares para aplicar un tinte de proceso simple.

   a. _____

   b. _____

   c. _____

   d. _____

   e. _____

   f. _____

   g. _____

   h. _____

75. Mencione los catorce pasos necesarios para aplicar un tinte de proceso simple.

   a. _____

   b. _____

   c. _____

   d. _____

   e. _____

   f. _____

g. _____

h. _____

i. _____

j. _____

k. _____

l. _____

m. _____

n. _____

76. Mencione los seis pasos necesarios para la limpieza.

a. _____

b. _____

c. _____

d. _____

e. _____

f. _____

77. ¿Por qué el tinte se aplica, en último lugar, en la zona del cuero cabelludo?

_____

78. Al teñir el cabello largo, _____ las puntas de acuerdo al análisis realizado.

79. A medida que el cabello crece, es necesario _____ para que no tenga dos tonos.

80. Cuando se realiza un retoque, ¿dónde se aplica el producto? _____

81. ¿Qué puede suceder si hace solapo durante la aplicación de un retoque? _____

_____

82. Si el color ha desaparecido, ¿qué puede hacer durante la aplicación de un retoque?

_____

_____

83. ¿Cuándo es necesario un teñido de proceso doble? _____

84. A veces es mejor utilizar una aplicación de proceso doble a fin de lograr

_____.

ACLARADO DEL CABELLO VIRGEN

85. Mencione tres propósitos de realizar la prueba de mechón preliminar antes de proceder al aclarado.

    a. _____

    b. _____

    c. _____

86. Si la prueba de mechón indica que el cabello no es suficientemente claro, ¿qué debe hacer?

    _____

87. Si la prueba de mechón indica que el cabello es demasiado claro, ¿qué debe hacer?

    _____

88. Mencione tres reacciones que debe observar en la prueba de mechón.

    a. _____

    b. _____

    c. _____

89. Describa cómo proteger la ropa del cliente. _____

90. ¿Cuándo no debe realizarse un aclarado?

    _____

91. Describa cómo seccionar el cabello. _____

92. ¿Dónde se aplica la crema protectora? _____

93. ¿Por qué la fórmula aclaradora debe utilizarse inmediatamente? _____

94. ¿Dónde comienza la aplicación aclaradora?

    _____

95. Identifique el tamaño de las particiones necesarias para aplicar el aclarador. _____

96. Especifique a qué distancia del cuero cabelludo debe aplicar el aclarador. _____

97. ¿En qué parte del mechón se aplica el aclarador? _____

98. Describa en qué parte de la subsección se aplica el aclarador. _____

99. Mencione dos maneras de mantener el aclarador húmedo durante el procedimiento.

    a. _____

    b. _____

100. Describa cómo probar la acción aclaradora.

_____

101. Identifique el tamaño de las particiones necesarias para aplicar el aclarador al cabello cercano al cuero cabelludo. _____

102. ¿A qué temperatura debe estar el agua utilizada para el enjuagado? _____

103. ¿Qué clase de champú se utiliza para remover el aclarador del cabello? _____

104. Explique cómo evitar que el cabello se enrede. _____

105. Describa cómo neutralizar el nivel de alcalinidad del cabello. _____

106. A medida que crece, el cabello oscuro recién crecido será muy evidente. ¿Cómo se corrige?

_____

107. Los retoques se aplican sólo al cabello recién crecido. Las excepciones son:

a. _____

b. _____

c. _____

108. ¿Por qué, para un retoque de aclarado, generalmente se utiliza un aclarador en crema?

_____ y _____

109. El procedimiento para un retoque de aclarado es el mismo que aquel para aclarar un cabello virgen con excepción de

_____ .

110. Para evitar que la crema aclaradora gotee o se esparza y para evitar el solapo, la consistencia debe ser

_____ .

111. Mencione los cuatro pasos necesarios para corregir cabello con rayos.

a. _____

b. _____

c. _____

d. _____

112. ¿Por qué un tonalizador necesita una prueba de parche? _____

113. El primer procedimiento de un teñido de proceso doble es el aclarador. ¿Cuál es el segundo? _____

114. Después de la decoloración, el color que queda en el cabello se denomina _____ .

115. Como norma general, cuanto más _____ sea el color deseado, más _____ será la base.

116. ¿Por qué es importante seguir esta guía detenidamente?

    a. _____

    b. _____

117. ¿Qué pasará si el cabello se preaclara más allá de la etapa de amarillo pálido?

    _____

118. Cuando se aplica el tonalizador, ¿qué se necesita para lograr buenos resultados con el color?

    _____

119. Mencione los doce pasos necesarios para aplicar el tonalizador.

    a. _____

    _____

    b. _____

    _____

    c. _____

    _____

    d. _____

    _____

    e. _____

    f. _____

    g. _____

    h. _____

    i. _____

    j. _____

    k. _____

    l. _____

120. Cuando se aplique un retoque de tonalizador, el cabello recién crecido debe _____ hasta la misma etapa a que fue aclarado el cabello para la primera aplicación de tonalizador.

REALCE PARA LOGRAR EFECTOS ESPECIALES

121. El realce para lograr efectos especiales incluye cualquier _____ de aclarado o teñido parcial.

122. ¿Por qué el teñido del cabello en el hogar nunca reemplazará el teñido profesional?

_____

123. Los tres métodos que se utilizan más frecuentemente para realizar son:

a. _____

b. _____

c. _____

124. Pasar mechones limpios a través de una gorra perforada con un gancho es la técnica _____.

125. El aclarado será mayor si _____, mientras que será más evidente si

_____.

126. Entretejer alternando mechones los de una subsección es la técnica _____.

127. Con esta técnica, el colorista puede colocar _____ los realces.

128. Colocar el compuesto aclarador directamente sobre el cabello limpio y peinado es la técnica

_____.

129. ¿Cuándo no se utiliza el tonalizador?

_____

130. ¿Qué debe tenerse en cuenta al aplicar tonalizador sobre un cabello aclarado?

a. _____

b. _____

131. Mencione tres opciones de productos colorantes que se utilizan para evitar afectar el cabello no tratado.

a. _____

b. _____

c. _____

132. Combinar tintes derivados de la anilina, agua oxigenada y champú produce

_____.

133. ¿Cuándo se utiliza un champú aclarador?

a. _____

b. _____

PROBLEMAS ESPECIALES EN EL TEÑIDO NORMAL O EN EL CORRECTIVO

134. _____ , _____ y _____ poseen características que producen problemas de teñido únicos.

135. ¿Qué puede utilizar para quitar las decoloraciones amarillas producidas por causas internas o por la oxidación de la melanina?

    a. _____   b. _____

    c. _____

136. ¿Por qué el nivel de selección para el cabello gris es relativamente simple?

_____

137. Cuando se utilizan tintes semipermanentes, ¿qué formulación se utiliza para los clientes con un 70% a un 50% de cabellos sin pigmento? _____ ¿Qué formulación se utiliza para los clientes con un 70% a un 50% de cabellos sin pigmento cuando se utiliza un tinte permanente? _____

138. Cuando se utilizan tintes semipermanentes, ¿qué formulación se utiliza para los clientes con un 30% a un 10% de cabellos sin pigmento? ¿Qué formulación se utiliza para los clientes con un 30% a un 10% de cabellos sin pigmento cuando se utiliza un tinte permanente?

_____

139. Las herramientas para un teñido satisfactorio son sus _____ y su _____.

140. ¿Qué se necesita cuando el cabello sin pigmento es tan resistente que la cobertura no es satisfactoria?

_____

141. Mencione los dos propósitos del presuavizado.

    a. _____

    b. _____

142. Mencione siete reglas para la corrección eficaz del color.

    a. _____

    b. _____

    c. _____

    d. _____

    e. _____

    f. _____

    g. _____

143. Mencione las dos acciones de la henna que pueden dejar el cabello inservible para otro tratamiento profesional.

    a. _____

    b. _____

144. Mencione diez pasos para eliminar la acumulación de henna.

    a. _____

    b. _____

    c. _____

    d. _____

    e. _____

    f. _____

    g. _____

    h. _____

    i. _____

    j. _____

145. El cabello tratado con tintes metálicos o cualquier otro tinte de recubrimiento, se verán _____ y generalmente serán _____ al tacto.

146. Mencione los tres pasos necesarios para la prueba de sales metálicas.

    a. _____

    b. _____

    c. _____

147. El cabello teñido con plomo _____. El cabello teñido con plata _____ _____. El cabello tratado con cobre _____.

148. ¿Cuál es el método más eficaz para eliminar las sales metálicas del cabello?

    _____

149. Se considera que el cabello está dañado cuando posee una o más de las condiciones que siguen:

    a. _____   b. _____

    c. _____   d. _____

    e. _____   f. _____

    g. _____

150. Mencione seis pasos preventivos y correctivos para el cabello dañado.

    a. _____

    b. _____

    c. _____

    d. _____

    e. _____

    f. _____

151. Un preparado especial diseñado para contribuir a igualar la porosidad y a depositar una base de color en una aplicación se denomina _____.

152. Los rellenos _____ se usan para reacondicionar el cabello antes del servicio del salón, mientras que los rellenos _____ se recomiendan si el cabello está dañado y si tiene dudas de que el resultado del tinte no sea un matiz uniforme.

153. Mencione siete ventajas de usar un relleno de color.

    a. _____

    b. _____

    c. _____

    d. _____

    e. _____

    f. _____

    g. _____

154. Para obtener resultados satisfactorios, ¿qué clase de relleno de color elegiría?

    _____

155. Un problema común para teñir cabellos rojizos es _____.

156. Identifique seis causas de la eliminación del color.

    a. _____   b. _____

    c. _____   d. _____

    e. _____   f. _____

157. Mencione seis maneras de prevenir la eliminación del color.

   a. _____

   b. _____

   c. _____

   d. _____

   e. _____

   f. _____

158. Mencione una manera en que el colorista pueda provocar una eliminación de color.

   _____

159. Describa cómo prevenir demasiado aclarado en las puntas durante un retoque con un tinte basado en rojo.

   _____

160. Identifique el primer paso para disimular el color abrasado excesivo. _____

161. Identifique el segundo paso para disimular el color abrasado excesivo.

   _____

162. Mencione cuatro alternativas de tratamientos para corregir el color abrasado excesivo.

   a. _____

   b. _____

   c. _____

   d. _____

163. Los productos comerciales que se utilizan para eliminar tintes penetrantes del cabello se denominan __

   _____

164. Los productos para eliminar el tinte contienen ingredientes para _____.
   Pueden mezclarse con _____ o, a veces, con _____.

165. Mencione los dieciséis pasos del procedimiento para eliminar el tinte.

a. _____

b. _____

c. _____

d. _____

e. _____

f. _____

g. _____

h. _____

i. _____

j. _____

k. _____

l. _____

m. _____

n. _____

o. _____

p. _____

166. Un procedimiento alternativo puede ser aplicar el removedor al cabello, alejándolo del cuero cabelludo con _____.

167. Mencione dos razones por las que el cabello, con frecuencia, debe teñirse después de utilizar un removedor.

a. _____

b. _____

168. ¿Qué debe hacer antes de continuar con otros servicios químicos?

_____

169. La aplicación de un tinte y de un disolvente de tinte puede volver el cabello más _____.

170. Mencione tres consideraciones que debe tener en cuenta al formular un tinte para utilizar después del removedor.

a. _____

b. _____

c. _____

171. ¿Qué sucede cuando el cabello se vuelve superporoso?

_____

_____

172. Explique por qué un color gris metálico es una señal de peligro.

_____

173. Explique dónde debe examinar el cabello para encontrar su color natural. _____

174. Describa el tinte de restauración. _____

175. ¿Cuándo debe utilizar un gorro de jabón en conjunción con un tinte para volver al color natural?

_____

176. Mencione tres cosas que, al teñir al color natural, debe hacer antes de seccionar el cabello.

a. _____   b. _____

c. _____

177. ¿En cuántas secciones se divide el cabello? _____

178. Describa cómo aplicar el tinte.

_____

_____

179. ¿Qué clase de champú se utiliza para eliminar el tinte del cabello? _____

180. ¿Qué se utiliza para cerrar la cutícula y para evitar la atenuación? _____

181. Mencione los dos últimos pasos del procedimiento de tinte de restauración al color natural.

a. _____

b. _____

PRECAUCIONES DE SEGURIDAD DURANTE EL TEÑIDO

182. Mencione las precauciones de seguridad relacionadas con el teñido del cabello.

a. _____

b. _____

c. _____

d. _____

e. _____

f. _____

g. _____

h. _____

i. _____

j. _____

k. _____

l. _____

m. _____

n. _____

o. _____

p. _____

q. _____

_____

Véase también *Milady's. Libro de ejercicios teóricos.*

REVISIÓN DE VOCABULARIO

aclarado del cabello	derivado de la anilina	relleno
agua oxigenada	elevación	retoque
cabello virgen	FDA	superposición
catalista	melanina	teñir en exceso
color certificado	oxidación	textura
color complementario	permanente	tinte de proceso doble
color semipermanente	polímero	tinte de proceso simple
consulta	porosidad	tinte temporal
corteza	preaclarar	tono
cutícula	presuavizar	transparencias
demarcación	prueba de predisposición	volumen
demipermanente	queratina	

PRUEBA DE CONCORDANCIA

Coloque el término o la frase correctos delante de cada definición.

aclarado de motas y vetas	preaclarado	teñido de proceso doble
base	prueba de mechón preliminar	teñido de restauración
cabello virgen	prueba de predisposición	tinte de proceso simple
ceniza	prueba del parche	tinte derivado de la anillina
color catalista	quitatinte	tinte semipermanente
color primario	relleno de color	tinte sólo de depósito
color terciario	retoque	tinte temporal
consulta	sin pigmento	tonalizador
melanina	Sistema de Niveles	tono de latón
oxidación	superposición	

1. _____ proceso que logra el resultado deseado con una aplicación del producto

2. _____ procedimiento que determina si un cliente es alérgico a un tinte derivado de la anilina

3. _____ tinte formulado para atenuarse gradualmente con cada lavado

4. _____ aplicación del tinte al cabello recién crecido

5. _____ otra denominación de tinte penetrante del cabello

6. _____ conversación entre el cliente y el cosmetólogo para determinar el color adecuado

7. _____ proceso para eliminar el color del cabello antes de la aplicación de un tinte o un tonalizador

8. _____ proceso que necesita dos aplicaciones de productos independientes

9. _____ procedimiento que sirve para determinar si se realizó la selección de color correcta

10. _____ reacción química que ocurre cuando un tinte derivado de la anilina se mezcla con agua oxigenada

11. _____ cabello que no recibió servicios químicos

12. _____ otra denominación para prueba del parche

13. _____ tinte formulado para durar hasta el lavado siguiente

14. _____ aplicación de tinte o de aclarador más allá de la línea de demarcación

15. _____ preparado especial diseñado para contribuir a igualar la porosidad y a depositar una base de color en una aplicación

16. _____ corrección del color con un aclarador para corregir el teñido desigual o las manchas oscuras

17. _____ producto comercial que se utiliza para eliminar los tintes penetrantes

18. _____ producto que se aplica antes del tinte para reacondicionar el cabello dañado

19. _____ la vuelta del cabello a su color natural u original

20. _____ color que queda en el cabello después de haber pasado por las siete etapas del aclarado

21. _____ color pastel que se utiliza en el cabello después del preaclarado

22. _____ categoría de productos colorantes que se encuentra entre los permanentes y los semipermanentes

23. _____ sistema que usa el colorista para analizar la claridad o la oscuridad de un color de cabello

24. _____ pequeños granos de pigmento en la corteza del cabello que originan su color natural

25. _____ color fundamental que no puede hacerse mezclando dos colores

26. _____ cabello cuyo pigmento natural se reduce

27. _____ mezcla de un color primario con su color secundario adyacente en la rueda de colores

28. _____ rojo, naranja o tonos dorados en el cabello

29. _____ matiz dominado por los verdes, azules o violetas

30. _____ sustancia utilizada para modificar la velocidad de una reacción química

REVISIÓN RÁPIDA

Coloque la palabra correcta en el espacio libre de cada una de las oraciones que siguen.

alcalinidad	el nacimiento del pelo	polvo
atenuación	espalda	positiva
auto	guantes	presuavizado
cerca	henna	recondicionamiento
cobertura	humedece	reflejos
color	manos	retoque
color semipermanente	más claro	rubio
consulta	más oscuro	superpuesto
contagiosas	negativo	temporal
cutícula	parcial	tintes metálicos
de las manchas	permanentes	

1. El cosmetólogo debe lavarse las _____ antes y después de prestar servicios a un cliente.

2. Un _____ de la prueba de piel no mostrará signos de inflamación.

3. Al elegir un color de cabello, es importante identificar el nivel del color del cabello y _____.

4. Los tintes _____ pueden desprenderse manchando almohadas o los cuellos de la ropa.

5. Una ventaja de los tintes de proceso simple es que pueden producir matices desde el _____ más intenso hasta el _____ más claro.

6. Uno de los pasos más importantes del servicio de teñido del cabello es _____.

7. Nunca se debe aplicar tinte derivado de la anilina cuando hay enfermedades del cabello y del cuero cabelludo _____.

8. La ropa del cliente se protege _____ con una toalla y una capa para teñido.

9. Cuando se aplican tintes semipermanentes al cabello superporoso, los resultados pueden ser _____.

10. Después de quitar el tinte del cabello, se aplica un enjuagador ácido o de acabado para _____ la cutícula.

11. Las líneas de demarcación aparecen cuando el tinte _____ durante una aplicación de retoque.

12. Los tintes semipermanentes son _____ penetrantes.

13. Aplicar un tinte semipermanente sobre un cabello poroso puede _____.

14. La crema protectora se aplica alrededor de _____ y sobre las orejas.

15. Las moléculas de colorante, en el colorante semipermanente, penetran en la _____.

16. Una prueba de piel _____ se pondrá roja, se hinchará, habrá ardor, escozor y ampollas.

17. Los tintes de proceso simple pueden teñir un cabello _____ o _____ que el matiz original del cliente.

18. No se necesita _____ con los tintes semipermanentes.

19. El cosmetólogo se protege las manos del aclarador con _____ protectores.

20. La _____ del cabello se neutraliza con un enjuagador ácido o normalizador.

21. Para que el aclarador continúe con su proceso sobre el cabello, debe mantenerse_____.

22. El cabello dañado debe recibir tratamientos _____ antes y después de la realización de un proceso químico.

23. Los cosmetólogos deben consultar la _____ para seleccionar un tonalizador que neutralice o tonalice el cabello preaclarado hasta que tenga el matiz deseado.

24. Los efectos especiales con transparencias abarcan cualquier técnica de aclarado o de coloreado _____.

25. Los decolorantes _____ se utilizan exclusivamente para aplicaciones fuera del cuero cabelludo y para lograr efectos especiales, tales como envolturas con papel de aluminio, transparencias con gorros de plástico y pintado del cabello.

26. La acción del _____ es similar a la de los tintes semipermanentes pero dura más que ellos en el cabello.

27. El colorante vegetal más notable y popular es _____.

28. _____ se conocen como "tintes progresivos" y "restauradores del color".

29. A veces, el cabello sin pigmento es tan resistente que es necesario _____.

30. Un problema frecuente del cabello teñido de rojo es _____.

PRUEBA DE OPCIÓN MÚLTIPLE

Lea con detenimiento cada oración, luego escriba en el espacio libre de la derecha la letra que representa correctamente, la palabra o frase que completa la expresión.

1. No se requiere una prueba del parche antes de aplicar:
   a) un champú de reflejos
   b) un tinte de proceso simple
   c) un tinte derivado de la anilina
   d) un tinte de champú de reflejos _____

2. Los colores formulados con amarillo, naranja o rojo como base predominante son:
   a) colores cálidos
   b) colores fríos
   c) colores neutros
   d) no son colores _____

3. Aplicar un tinte derivado de la anilina a un cliente con síntomas de alergia puede producir:
   a) respeto de los demás trabajadores
   b) un juicio por mala praxis
   c) un aumento del número de clientes de tinte
   d) un teñido poco satisfactorio _____

4. Los tintes se mezclan en botes aplicadores o tazas hechas de plástico o:
   a) metal
   b) hojalata
   c) cobre
   d) vidrio _____

5. El tinte temporal recubre ¿qué parte del cabello?:
   a) la cutícula
   b) la corteza
   c) la médula
   d) el folículo _____

6. Prácticamente todos los tintes permanentes se realizan con colorantes oxidantes penetrantes que contienen:

    a) colores certificados   b) tintes compuestos

    c) tintes metálicos   d) derivados de la anilina   _____

7. El cabello cercano al cuero cabelludo se procesa más rápido debido a:

    a) el sebo   b) la transpiración

    c) el calor corporal   d) las células epiteliales muertas   _____

8. Durante un retoque, la superposición de color puede provocar en el cabello:

    a) roturas   b) elasticidad

    c) porosidad   d) retención   _____

9. Los champús de reflejos son una mezcla de champú y:

    a) amoníaco   b) agua oxigenada

    c) ácido tioglicólico   d) tinte derivado de la anilina   _____

10. Antes de aplicar un tinte derivado de la anilina, el cabello no debe estar:

    a) analizado   b) cepillado

    c) seccionado   d) peinado   _____

11. Los tintes que se atenuan con cada lavado se denominan:

    a) temporales   b) semipermanentes

    c) permanentes   d) derivados de la anilina   _____

12. Al aclarar el cabello virgen, el tinte se aplica a:

    a) 0,3125 cm del cuero cabelludo   b) 0,625 cm del cuero cabelludo

    c) 1,25 cm del cuero cabelludo   d) 2,5 cm del cuero cabelludo   _____

13. Para obtener mejores resultados, cuando se aplican al cabello, los tintes deben mezclarse:

    a) el día anterior   b) dos horas antes

    c) una hora antes   d) inmediatamente antes   _____

14. Los colores semipermanentes no pueden:

    a) añadir reflejos   b) dar color al cabello gris

    c) realzar el color   d) aclarar el cabello   _____

15. Las manchas que quedan alrededor de la línea de nacimiento del cabello se quitan con champú, con quitamanchas o con:

    a) jabón para la ropa   b) lejía en polvo

    c) limpiador   d) el resto de mezcla la tinte   _____

16. Los tintes derivados de la anilina no deben utilizarse con cabellos tratados con:

    a) laca   b) loción de peinado

    c) un tinte metálico o compuesto   d) un ondulado permanente   _____

17. Un cliente que desee aclarar drásticamente el matiz de su cabello debe primero:

    a) lavarlo   b) acondicionarlo

    c) presuavizarlo   d) preaclararlo   _____

18. El tinte temporal dura:

    a) un lavado
    b) entre 2 y 3 lavados
    c) entre 4 y 6 lavados
    d) indefinidamente

    _____

19. El tinte sobrante mezclado con peróxido debe:

    a) volverse a embotellar
    b) volverse a sellar
    c) desecharse
    d) usarse con otro cliente

    _____

20. Una declaración de descargo es un documento firmado por un cliente en el salón de belleza antes de recibir:

    a) un lavado con champú
    b) un peinado
    c) un corte de cabello
    d) un servicio químico

    _____

21. La aplicación del tinte de proceso simple debe comenzar donde el cabello es más:

    a) poroso
    b) rizado
    c) elástico
    d) resistente

    _____

22. Al enjuagar el colorante del cabello de un cliente, el agua debe estar:

    a) caliente
    b) cálida
    c) tibia
    d) fría

    _____

23. Los tintes de champú de reflejos son una mezcla de champú, tinte derivado de la anilina y:

    a) agua
    b) amoníaco
    c) agua oxigenada
    d) ácido tioglicólico

    _____

24. Los productos colorantes aprobados por la Administración de Alimentos y Drogas (FDA) para su uso en cosmética se denominan:

    a) colores certificados
    b) colores complementarios
    c) colores secundarios
    d) colores terciarios

    _____

25. La mayoría de los tintes de proceso simple se formulan con:

    a) agua oxigenada de 10 volúmenes
    b) agua oxigenada de 20 volúmenes
    c) agua oxigenada de 30 volúmenes
    d) agua oxigenada de 40 volúmenes

    _____

26. El tiempo necesario para alcanzar los resultados deseados lo determina:

    a) la prueba de parche
    b) la prueba de predisposición
    c) la prueba del mechón preliminar
    d) la declaración de descargo

    _____

27. Al teñir el cabello, los cosmetólogos deben seguir las indicaciones de:

    a) el cliente
    b) el gerente del salón
    c) el fabricante del producto
    d) un compañero de trabajo

    _____

28. Para que el cabello gris y resistente absorba el tinte con mayor facilidad, primero debe:

    a) cepillarlo
    b) presuavizarlo
    c) lavarlo
    d) preaclararlo

    _____

29. Cuando se mezcla con un tinte de proceso simple, ¿qué cosa activa el agua oxigenada?:

    a) un agente aclarante
    b) un champú
    c) un tinte vegetal
    d) un agente suavizador

    _____

30. Los colores formulados con azul, verde o violeta como base predominante son:

    a) cálidos
    b) fríos
    c) neutros
    d) no son colores   _____

31. El primer paso en la aplicación de un proceso doble es el:

    a) aclarador
    b) el tonalizador
    c) el tinte semipermanente
    d) el tinte temporal   _____

32. La técnica del gorro para aclarar consiste en hacer pasar mechones de cabello a través de un gorro perforado usando:

    a) una aguja
    b) un gancho
    c) un palillo de naranjo
    d) la uña   _____

33. Al eliminar el aclarador del cabello, los cosmetólogos deben evitar:

    a) usar agua fría
    b) usar un champú suave
    c) eliminar el aclarador por completo
    d) enredar el cabello frágil   _____

34. Para obtener resultados satisfactorios, los cosmetólogos deben seleccionar el relleno de color que reemplazará algo perdido, ¿qué?:

    a) el color primario
    b) el color secundario
    c) el color terciario
    d) el color complementario   _____

35. El cabello quebradizo, con textura áspera y un color que se atenúa se considera:

    a) normal
    b) saludable
    c) con buena elasticidad
    d) dañado   _____

36. Para que el tonalizador se desarrolle correctamente, el cabello primero tiene que adquirir suficiente:

    a) textura
    b) elasticidad
    c) porosidad
    d) densidad   _____

37. La mezcla restante de tonalizador puede diluirse con champú suave, acondicionador o agua destilada antes de aplicarla a:

    a) el cabello recién crecido
    b) mechones de colores fríos
    c) mechones de cabello resistente
    d) puntas porosas   _____

38. Una ventaja de utilizar un relleno de color es que ayuda al cabello a:
    a) mantener el color
    b) atenuarse más rápido
    c) quedar desigual
    d) quedar opaco   _____

39. El método de aclarado que implica entretejer, aclarar y envolver pequeños mechones de cabello con una envoltura protectora se denomina:

    a) técnica del gorro
    b) técnica del papel de aluminio
    c) técnica de manos libres
    d) técnica del tonificado   _____

40. El propósito del enjuagado final es cerrar:

    a) el folículo
    b) la cutícula
    c) la corteza
    d) la médula   _____

41. Los tonalizadores están compuestos por colores:

    a) oscuros y fuertes
    b) oscuros y delicados
    c) pálidos y delicados
    d) pálidos y turbios   _____

42. Los tintes derivados de la anilina penetran en:

    a) la cutícula

    b) la corteza

    c) la médula

    d) el folículo

    _____

43. El cabello que no ha sido dañado por factores naturales como viento y sol se considera:

    a) cabello bronceado por el sol

    b) cabello aclarado

    c) cabello virgen

    d) cabello con proceso excesivo

    _____

44. El color temporal no puede:

    a) quitar los reflejos

    b) aumentar el pigmento

    c) disminuir el matiz del cabello aclarado

    d) neutralizar el matiz amarillento

    _____

45. Al teñir el cabello virgen en un color similar o más oscuro que el natural, el tinte se aplica:

    a) en el cuero cabelludo primero

    b) en las puntas primero

    c) a 1,25 cm del cuero cabelludo

    d) desde el cuero cabelludo hacia las puntas

    _____

46. Para un tinte semipermanente no se necesita:

    a) consultar con el cliente

    b) seleccionar un color

    c) mezclar con agua oxigenada

    d) leer las instrucciones del fabricante

    _____

47. Los cosmetólogos deben protegerse las manos con:

    a) adhesivos protectores

    b) guantes

    c) uñas largas

    d) muchas joyas

    _____

48. Durante la consulta y selección de un color, el cabello del cliente debe estar:

    a) limpio y seco

    b) limpio y húmedo

    c) sucio y seco

    d) sucio y húmedo

    _____

49. La mayoría de los tintes temporales se aplican al cabello después de lavarlo y:

    a) dejarlo húmedo

    b) secarlo con toalla

    c) secarlo con el secador de mano

    d) lubricarlo

    _____

13

RELAJACIÓN QUÍMICA DEL CABELLO Y PERMANENTE DE RIZO SUAVE

Fecha _____

Calificación _____

Texto de las páginas 365-384

Aspecto a considerar

"Si no intentas hacer algo más allá de lo que ya has aprendido, nunca crecerás".

— Ronald E. Osborn

ANÁLISIS DEL CABELLO DEL CLIENTE

1. Mencione tres pruebas que se utilizan para comprobar las cualidades del cabello.

   a. _____   b. _____

   c. _____

2. Mencione cuatro factores que el cosmetólogo debe juzgar, respecto del cabello, antes de intentar aplicar un tratamiento relajante.

   a. _____   b. _____

   c. _____   d. _____

HISTORIA CAPILAR DEL CLIENTE

3. Explique por qué se deben mantener registros de cada tratamiento de relajación química del cabello.

   _____

4. Mencione lo que debe incluir en los registros del cliente.

   a. _____   b. _____

   c. _____   d. _____

5. Describa el propósito de la declaración de descargo.

   _____

   _____

6. Explique por qué no debe efectuar una relajación química al cabello tratado con un tinte metálico.

   _____

7. Mencione dos pasos que sirven para determinar cómo reaccionará el cabello del cliente al relajante.

   a. _____

   b. _____

EXAMEN DEL CUERO CABELLUDO

8. Mencione tres condiciones que pueden detectarse con el examen del cuero cabelludo.

   a. _____   b. _____

   c. _____

9. Explique qué sucede si araña el cuero cabelludo durante el examen.

   _____

10. Explique qué hacer si el cliente tiene rozaduras o erupciones en el cuero cabelludo.

    _____

11. Explique qué hacer si el cabello no está sano.

    _____

PRUEBAS DEL MECHÓN

12. Describa el propósito de probar el cabello para comprobar su porosidad y elasticidad.

    _____

13. Explique el propósito de la prueba del dedo.

    _____

14. Explique cómo realizar una prueba del dedo.

    _____

    _____

15. Describa cómo determinar si el cabello es poroso. _____

16. Explique el propósito de la prueba de estiramiento. _____

17. Explique cómo realizar una prueba de estiramiento.

    _____

18. Describa cómo determinar si el cabello posee elasticidad.

    _____

19. Explique el propósito de la prueba del relajante.

_____

20. Explique (brevemente) cómo realizar una prueba del relajante.

_____

_____

_____

_____

PROCESO DE RELAJACIÓN QUÍMICA DEL CABELLO (CON HIDRÓXIDO SÓDICO)

21. Identifique de quién debe seguir las instrucciones cuando utilice productos que contienen hidróxido sódico, o cualquier otro tipo de producto. _____

22. Mencione el equipo, los utensilios y los materiales necesarios para una relajación con hidróxido sódico.

a. _____   b. _____

c. _____   d. _____

e. _____   f. _____

g. _____   h. _____

i. _____   j. _____

k. _____   l. _____

m. _____   n. _____

o. _____   p. _____

q. _____   r. _____

s. _____

PREPARACIÓN

23. Mencione los siete pasos necesarios de la preparación para un relajamiento con hidróxido sódico.

    a. _____

    b. _____

    c. _____

    _____

    d. _____

    e. _____

    f. _____

    g. _____

PROCEDIMIENTO

24. Identifique el número de secciones en que debe dividir el cabello. _____

25. Explique qué hacer en caso de humedad o transpiración del cuero cabelludo.

    _____

26. Describa el propósito de la base protectora.

    _____

27. Describa dónde aplicar la base protectora.

    _____

28. Explique la clase de protección que se necesita cuando se utiliza un relajante "sin base".

    _____

APLICACIÓN DEL ACONDICIONADOR DE VOLUMEN

29. Mencione dos beneficios del acondicionador de volumen.

    a. _____

    _____

    b. _____

    _____

30. Describa cómo aplicar el acondicionador de volumen para obtener el máximo rendimiento.

_____

_____

31. Explique por qué debe evitar el empleo de calor.

_____

32. Explique por qué el cosmetólogo debe utilizar guantes protectores. _____

APLICACIÓN DEL RELAJANTE

33. Identifique el número de secciones en que debe dividir la cabeza. _____

34. Explique por qué la crema se aplica en último lugar en la zona del cuero cabelludo y en las puntas del cabello.

_____

_____

35. Mencione tres métodos para aplicar el relajante químico del cabello.

a. _____   b. _____

c. _____

MÉTODO DEL PEINE

36. Mencione la zona de la cabeza por la que debe comenzar a aplicar el relajante.

_____

37. Identifique la medida de las particiones. _____

38. Mencione la parte del peine que se utiliza para aplicar el relajante. _____

39. Especifique la distancia que debe haber desde el cuero cabelludo y desde las puntas al aplicar el relajante.

_____

40. Explique cúando aplicar el relajante a cada lado del mechón.

_____

_____

41. Explique qué debe hacer cuando finalizó de aplicar el relajante por segunda vez.

_____

_____

42. Dé dos razones para distribuir la crema por el cabello.

a. _____

b. _____

43. Describa la técnica alternativa para aplicar el relajante.

_____

_____

MÉTODO DEL CEPILLO O DEL DEDO

44. Compare la manera de aplicar el relajante del método del cepillo o del dedo con la del método del peine.

_____

_____

PRUEBA PERIÓDICA DEL MECHÓN

45. Describa dos maneras de vigilar el mechón mientras se distribuye el relajante.

a. _____

b. _____

46. Explique cómo determinar si el mechón está suficientemente relajado. _____

47. Explique cómo determinar si se debe continuar el proceso.

_____

ENJUAGUE DEL RELAJANTE

48. Describa la temperatura del agua necesaria para enjuagar el relajante del cabello.

_____

49. Explique qué sucede si el agua está demasiado caliente.

_____

50. Mencione dos razones para utilizar la fuerza directa del agua.

    a. _____

    b. _____

51. Explique qué sucede si no se elimina completamente el aclarador.

    _____

52. Explique qué debe hacer si el relajante o el agua del enjuagado penetra en los ojos del cliente.

    _____

APLICACIÓN DEL CHAMPÚ/NEUTRALIZACIÓN

53. ¿Qué método de neutralización ofrecen la mayoría de los fabricantes?

    _____

54. Explique cómo aplicar el champú neutralizador.

    _____

    _____

55. Mencione tres razones para utilizar el peine.

    a. _____

    b. _____

    c. _____

56. Mencione los siete pasos necesarios para completar la relajación.

    a. _____

    b. _____

    c. _____

    d. _____

    e. _____

    f. _____

    g. _____

    _____

57. Explique por qué debe seguir siempre las instrucciones del fabricante.

    _____

APLICACIÓN DEL ACONDICIONADOR

58. Mencione dos razones para aplicar un acondicionador antes de moldear el cabello.

    a. _____

    b. _____

59. Mencione las diferencias entre los acondicionadores de tipo crema y los acondicionadores de tipo proteínico (líquidos).

    _____

    _____

    _____

60. Explique por qué es recomendable enrollar el cabello en el rulo sin demasiada presión.

    _____

TENAZAS TÉRMICAS CALIENTES

61. Mencione dos maneras de evitar la rotura del cabello.

    a. _____   b. _____

62. Especifique la temperatura necesaria cuando se realiza un rizado térmico al cabello relajado químicamente.

    _____

63. Numere las ilustraciones (1-4) en el orden correcto para la aplicación de un relajante.

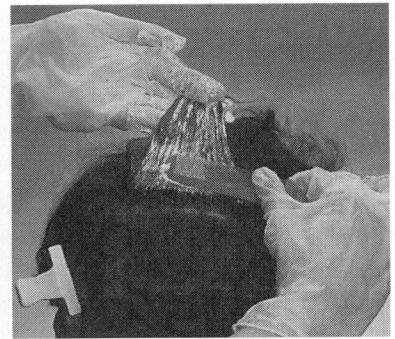

1.

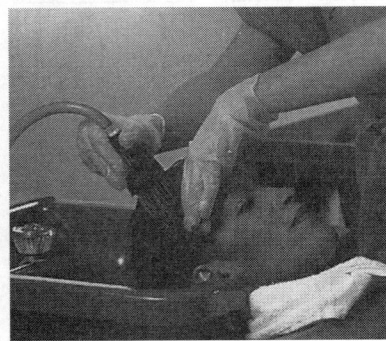

2.

1. _____

2. _____

3. _____

4. _____

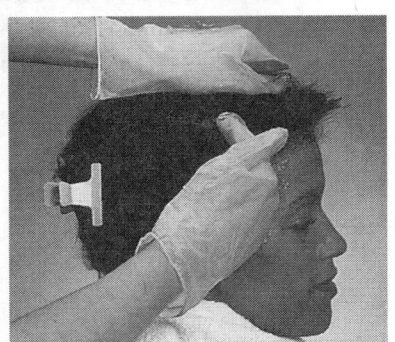

3.

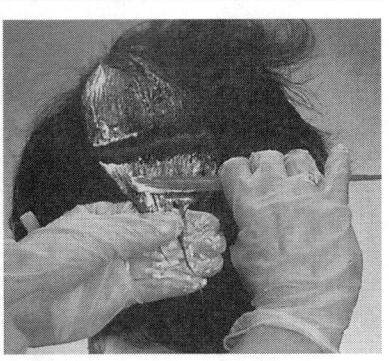

4.

RETOQUE CON HIDRÓXIDO SÓDICO

64. Mencione una diferencia entre el tratamiento de relajación de cabello normal y el retoque.

_____

65. Explique cómo evitar la rotura del cabello tratado anteriormente.

_____

66. Especifique con qué frecuencia puede realizarse un retoque. _____

PROCESO DE RELAJACIÓN QUÍMICA DEL CABELLO (CON TIOGLICOLATO DE AMONIO)

La primera parte de esta sección está incluida en *Milady's. Libro de ejercicios teóricos.*

FUNDIDO QUÍMICO

67. Describa el fundido químico.

   _____

68. Mencione dos tipos de productos que se utilizan para el fundido químico.

   _____

69. Explique qué sucede si el cabello se relaja en exceso.

   _____

70. Especifique cuándo se lava el cabello después de cada tipo de producto.

   Tioglicolato: _____

   Hidróxido sódico: _____

EQUIPO, UTENSILIOS Y MATERIALES

71. Mencione los cuatro materiales que se necesitan para un fundido químico además de los necesarios para una relajación química normal.

   a. _____   b. _____

   c. _____   d. _____

PROCEDIMIENTO

72. Mencione los siete pasos necesarios para un fundido químico.

   a. _____

   b. _____

   c. _____

   d. _____

   _____

   e. _____

   f. _____

   g. _____

73. Describa cómo secar el cabello si se desea un estilo de fundido.

_____

74. Explique cómo comprobar el avance del corte.

_____

REPASO DE LAS PRECAUCIONES DE SEGURIDAD

75. Explique qué hacer si el cliente tiene rozaduras en el cuero cabelludo.

_____

76. Explique qué hacer si el cabello está dañado.

_____

77. Identifique el tipo de producto que no necesita un champú antes de la aplicación.

_____

78. Identifique el tipo de producto que no puede aplicarse sobre un relajante de tioglicolato.

_____

79. Identifique el tipo de producto que no puede aplicarse sobre un relajante de hidróxido sódico.

_____

80. Explique por qué no debe usarse un relajante fuerte sobre un cabello fino. _____

81. Explique por qué no deben usarse las tenazas muy calientes en el cabello relajado químicamente.

_____

82. Identifique el propósito de aplicar una base protectora en el cuero cabelludo antes de una relajación con hidróxido sódico.

_____

83. Identifique la parte más importante de la cara del cliente que debe proteger.

84. Mencione tres zonas en las que debe evitar distribuir accidentalmente el relajante.

   a. _____   b. _____

   c. _____

85. Mencione el propósito de realizar la prueba del mechón con frecuencia.

_____

86. Explique la necesidad de enjuagar completamente el relajante del cabello.

_____

87. Describa cómo dirigir el chorro de agua. _____

88. Explique cuánto tiempo debe utilizar los guantes protectores.

_____

89. Explique por qué el enjuagado debe hacerse desde el cuero cabelludo hacia las puntas.

90. Mencione dos cosas que debe evitar al peinar el cabello una vez finalizado el proceso de relajación.

a. _____   b. _____

91. Identifique qué debe aplicar en el cuero cabelludo y en el cabello antes de efectuar el marcado.

_____

92. Describa qué debe evitar cuando se retoque el cabello que ha crecido de nuevo.

_____

93. Explique qué hacer con el cabello tratado con un tinte metálico.

_____

94. Describa qué hacer al final de cada tratamiento. _____

95. Explique por qué el cliente debe firmar una declaración de descargo.

_____

96. Explique qué hacer si el cabello está aclarado.

_____

97. El cabello no debe alisarse o relajarse ¿más allá de qué porcentaje? _____

PERMANENTE DE RIZO SUAVE

98. Describa una permanente de rizo suave. _____

99. Mencione dos clases de cabello en las que no debe utilizar productos con tioglicolato de amonio.

a. _____

b. _____

UTENSILIOS Y MATERIALES

100. Mencione los utensilios y materiales necesarios para realizar una permanente de rizo suave.

a. _____   b. _____

c. _____   d. _____

e. _____   f. _____

g. _____   h. _____

i. _____   j. _____

k. _____   l. _____

m. _____   n. _____

o. _____   p. _____

q. _____   r. _____

s. _____   t. _____

PROCEDIMIENTO

101. Mencione dos condiciones que prohiben el uso de gel o crema de ondulado permanente.

a. _____

b. _____

102. Describa qué se hace al cabello después del lavado. _____

103. Identifique qué se utiliza para desenredar el cabello. _____

104. Identifique el número de secciones en que debe dividir el cabello. _____

105. Describa dónde aplicar la crema protectora, en caso de que así lo especifique el fabricante.

_____

106. Mencione un articulo que debe vestir el cosmetólogo. _____

107. Explique dónde aplicar el gel o crema de tioglicolato.

_____

_____

108. Identifique las áreas del cabello y de la cabeza por dónde debe comenzar la aplicación.

_____

109. Explique cómo peinar el gel o crema de tioglicolato.

_____

_____

110. Explique qué debe hacer cuando el cabello esté esponjoso y flexible.

_____

111. Identifique el número de secciones en que debe dividir el cabello. _____

112. Especifique cuántas veces debe ser la varilla mayor que el rizo natural.

_____

113. Especifique cuántas vueltas debe dar el cabello a la varilla. _____

114. Describa cómo proteger la piel del cliente una vez finalizado el enrollamiento.

_____

115. Explique cómo aplicar el gel, la crema o la loción de tioglicolato.

_____

116. Identifique qué se utiliza para cubrir la cabeza del cliente. _____

117. Especifique durante cuánto tiempo el cliente debe estar bajo un secador precalentado.

_____

118. Explique qué hacer si la prueba de rizo muestra que el rizo deseado aún no se ha conseguido.

_____

119. Mencione la temperatura que debe tener el agua necesaria para enjuagar el cabello. _____

120. Explique qué se hace a cada rizo antes de aplicar el neutralizador. _____

121. Especifique cuántas veces debe saturar cada rizo con el neutralizador. _____

122. Mencione el tiempo que el neutralizador debe permanecer en el cabello.

_____

123. Explique qué hacer con la dosis correspondiente de neutralizador después de extraer las varillas.

_____

124. Mencione la temperatura que debe tener el agua necesaria para enjuagar el cabello después
de la neutralización. _____

125. Mencione los tres pasos finales del procedimiento para una permanente de rizo suave.

    a. _____

    b. _____

    c. _____

CUIDADOS POSTERIORES

126. Mencione tres cuidados posteriores.

    a. _____

    b. _____

    c. _____

REPASO DE LAS PRECAUCIONES DE SEGURIDAD

127. Explique qué hacer con el cabello tratado con hidróxido sódico.

    _____

128. Explique qué hacer con el cabello coloreado con tinte metálico o con compuestos de henna.

    _____

129. Explique qué hacer con la información relativa al análisis del cabello y del cuero cabelludo.

    _____

130. Explique qué hacer si el cabello está aclarado, teñido o dañado.

    _____

    _____

131. Explique qué debe hacer si la loción onduladora permanente o el neutralizador penetra en los ojos del cliente.

    _____

132. Explique cómo asegurar una formación de rizos correcta, sin daños. _____

133. Describa dónde aplicar la crema protectora. _____

134. Describa cómo rellenar la tarjeta de registro del cliente. _____

REVISIÓN DE VOCABULARIO

acondicionador de volumen	hidróxido sódico	relajante con tioglicolato de amonio
base protectora	porosidad	relajación química
crema de relajación	prueba del dedo	relajante sin base
crema protectora	prueba de estiramiento	superposición
elasticidad	prueba del relajante	tioglicolato de amonio
fundido químico	prueba del mechón	

PRUEBA DE CONCORDANCIA

Coloque el término o la frase correctos delante de cada definición.

fundido químico	prueba del mechón	retoque
permanente de rizo suave	prueba de predisposición	tioglicolato de amonio
prueba del dedo	prueba del relajante	
prueba de estiramiento	relajación química del cabello	

1. _____ prueba que determina el grado de elasticidad del cabello

2. _____ aplicación de un relajante sólo en el cabello que ha crecido desde el último tratamiento

3. _____ prueba que indica la rapidez con que se eliminan los rizos naturales

4. _____ también se denomina relajante con tioglicolato de amonio

5. _____ método para ondular permanentemente el cabello demasiado rizado

6. _____ prueba que indica la reacción del relajante en el cabello

7. _____ proceso de reordenar permanentemente la estructura básica de un cabello extremadamente rizado, dándole una forma lisa

8. _____ prueba que determina el grado de porosidad del cabello

9. _____ combinación de alisado químico del cabello y de peinado

PRUEBA DE REVISIÓN RÁPIDA

Coloque la palabra en el espacio libre de cada una de las oraciones.

activador	dos	palillo
agua	en último lugar	por debajo
alérgica	estabilizador	poros
antes	fabricante	primero
caliente	fuerza	registro
caspa	guantes	rozaduras
champú	grasas	sin base
continúa	infectarse	superior
cuero cabelludo	más	temperatura
dedos	menos	tibia
después	ojos	tres

1. Los arañazos pueden _____ seriamente al verse afectados por los productos químicos del relajante.

2. Cuando se realiza una relajación con hidróxido sódico, el cabello se lava _____ de la relajación.

3. Si la loción onduladora permanente o el neutralizador penetra accidentalmente en los ojos del cliente, debe lavarlos inmediatamente con_____.

4. En el cabello tratado con permanente de rizo suave debe utilizar un _____ levantador.

5. Cuando el cabello se haya alisado suficientemente, debe enjuagar el relajante con agua _____.

6. Los cosmetólogos deben utilizar _____ protectores.

7. La crema de relajación se aplica _____ en la zona del cuero cabelludo y en las puntas del cabello.

8. A fin de asegurarse unos resultados satisfactorios y consistentes, se debe mantener un _____ de cada tratamiento de relajación química del cabello.

9. La _____ del agua del enjuagado se debe utilizar para eliminar el relajante.

10. Cuando se utiliza un relajante _____, no se necesita una base protectora.

11. Los relajantes químicos del cabello se aplican con la parte posterior del peine, con un cepillo o con los
_____

12. El acondicionador o el _____ de rizos se debe utilizar diariamente en el cabello con permanente de rizo suave.

13. Los cosmetólogos deben seguir siempre las instrucciones del _____.

14. Durante el servicio de relajación, se deben proteger los _____ del cliente.

15. La aplicación de un acondicionador antes de trabajar con el cabello ayuda a restaurar parte de las _____ naturales del cuero cabelludo y del cabello.

16. Al enjuagar el relajante del cabello, el chorro de agua se debe dirigir desde el _____ a las puntas del cabello.

17. Para poder reordenar el patrón de rizado del cabello en una permanente de rizo suave, la varilla debe ser al menos _____ veces mayor que el rizo natural.

18. Nunca debe aplicarse un tratamiento de relajación a clientes que tienen _____ en el cuero cabelludo.

19. El relajante se aplica primero en la parte _____ del mechón y luego _____.

20. Cuando se realiza una relajación con tioglicolato de amonio, el cabello se lava _____ de la relajación.

21. Si el agua está demasiado _____ puede incomodar al cliente debido a la extrema sensibilidad del cuero cabelludo.

22. No se debe utilizar gel o crema de ondulado permanente si el cliente experimentó una reacción _____ en una permanente anterior.

23. A no ser que se extraiga completamente el relajante del cabello, su acción química _____.

24. El calor abre los _____ del cuero cabelludo y provoca irritación o heridas.

25. Se necesita _____ tiempo de procesado en las puntas del cabello y en el cuero cabelludo.

PRUEBA DE OPCIÓN MÚLTIPLE

Lea con detenimiento cada oración, luego escriba en el espacio libre de la derecha la letra que representa la palabra o frase que completa la expresión.

1. El cabello que se enreda o su tacto es desigual:

   a) tiene elasticidad
   b) es poroso
   c) es grueso
   d) es rizado   _____

2. Un mechón de cabello que se asienta suavemente sobre el cuero cabelludo durante una prueba del mechón está:

   a) procesado en exceso
   b) poco procesado
   c) suficientemente relajado
   d) insuficientemente relajado   _____

3. Después de una permanente de rizo suave, el cliente no debe lavarse el cabello durante al menos:

   a) dos días
   b) una semana
   c) 24 horas
   d) cinco días   _____

4. El agua utilizada para enjuagar el relajante debe estar:

   a) caliente   b) cálida
   c) tibia   d) fría   _____

5. Estirar excesivamente el cabello después de una relajación química puede hacer que éste se:

   a) rompa   b) decolore
   c) vuelva a su antigua condición   d) fortalezca   _____

6. Durante el rizado de una permanente de rizo suave, el cliente debe sentarse bajo un/a:

   a) secador frío   b) secador tibio
   c) secador precalentado   d) lámpara de calor   _____

7. Los productos que contienen tioglicolato de amonio no deben utilizarse en cabellos que han sido tratados con:

   a) tintes temporales   b) tintes semipermanentes
   c) tintes metálicos   d) tintes derivados de la anilina   _____

8. La crema protectora se aplica en el nacimiento del cabello del cliente y alrededor de:

   a) la boca   b) la nariz
   c) los ojos   d) las orejas   _____

9. Al distribuir la crema relajante por el cabello, éste se estira suavemente,:

   a) alisándolo   b) ondeándolo
   c) rizándolo   d) rizándolo excesivamente   _____

10. Durante una permanente de rizo suave, el cabello está suficientemente relajado cuando está:

    a) rígido y resistente   b) rígido y flexible
    c) esponjoso y flexible   d) esponjoso y resistente   _____

11. Para obtener una visión más clara del cuero cabelludo, se divide el cabello en:

    a) secciones de 1,25 cm   b) secciones de 2,5 cm
    c) secciones de 3,75 cm   d) secciones de 5 cm   _____

12. La declaración de descargo se utiliza para proteger al salón de belleza y a:

    a) el cliente   b) la familia del cliente
    c) el cosmetólogo   d) el dueño del salón de belleza   _____

13. Antes de utilizar el relajante químico con hidróxido sódico, se aplica un acondicionador de volumen cuando el cabello está:

    a) seco   b) secado con toalla
    c) húmedo   d) mojado   _____

14. Durante una permanente de rizo suave, cada rizo se neutraliza:

    a) una vez   b) dos veces
    c) tres veces   d) cuatro veces   _____

15. El uso de relajantees químicos en el cabello aclarado:

    a) es una buena idea   b) es muy recomendable
    c) es aconsejable   d) no es aconsejable   _____

16. El tiempo de procesado se acelera cerca del cuero cabelludo debido ¿a qué cosa del cuerpo?:

    a) el olor
    b) la grasa
    c) la transpiración
    d) el calor   _____

17. En una permanente de rizo suave, el producto que se utiliza para el rizado contiene:

    a) agua oxigenada
    b) hidróxido sódico
    c) tioglicolato de amonio
    d) derivados de la anilina   _____

18. Si el relajante o el agua del enjuagado penetra en los ojos del cliente, debe lavarlos y el cliente se debe:

    a) dejar solo
    b) ir a su casa
    c) enviar al médico
    d) enviar a otro salón de belleza   _____

19. Durante un retoque, el cabello tratado anteriormente debe protegerse con:

    a) acondicionador en crema
    b) champú cremoso
    c) loción de peinado
    d) espuma de peinado   _____

20. Para conseguir una buena formación de rizo durante una permanente de rizo suave, ¿cuántas vueltas debe, al menos, dar el cabello a la varilla?

    a) 1 vuelta
    b) $1\frac{1}{2}$ vueltas
    c) 2 vueltas
    d) $2\frac{1}{2}$ vueltas   _____

21. El cabello que vuelve a su antigua condición o se encoge y se aparta del cuero cabelludo durante una prueba del mechón necesita:

    a) cortarlo
    b) peinarlo
    c) acondicionarlo
    d) que continúe con el proceso   _____

22. El calor excesivo después de una relajación química puede hacer que el cabello:

    a) se rompa
    b) se oscurezca
    c) vuelva a su antigua condición
    d) se fortalezca   _____

23. Los productos que contienen tioglicolato de amonio no deben utilizarse en cabellos que han sido tratados con:

    a) loción de peinado
    b) acondicionador de cabello
    c) tintes derivados de la anilina
    d) productos con hidróxido sódico   _____

24. Un acondicionador de volumen es un producto que contiene:

    a) proteínas
    b) carbohidratos
    c) amoníaco
    d) agua oxigenada   _____

25. La prueba del relajante se realiza en una zona donde el cabello esté:

    a) suave y resistente
    b) hirsuto y resistente
    c) hirsuto y frágil
    d) suave y frágil   _____

26. En una permanente de rizo suave, el producto que se utiliza para relajar el cabello contiene:

    a) agua oxigenada
    b) hidróxido sódico
    c) tioglicolato de amonio
    d) derivados de la anilina   _____

27. El propósito de la base protectora es proteger ¿qué cosa del cliente?:

    a) la cara
    b) los ojos
    c) la nuca
    d) el cuero cabelludo   _____

28. Se puede realizar un retoque de la relajación cada:

   a) semana
   b) 2 semanas
   c) 4 semanas
   d) 6 a 8 semanas _____

29. El cabello dañado puede volver a una condición normal por una serie de:

   a) ondulados permanentes
   b) teñidos permanentes
   c) tratamientos de acondicionamiento
   d) relajaciones químicas del cabello _____

30. Después de saturar el cabello con el champú neutralizador, se utiliza un peine para:

   a) mantener el cabello arreglado
   b) mantener el cabello liso
   c) rascar el cuero cabelludo
   d) tirar del cabello y estirarlo _____

31. En caso de humedad o transpiración en el cuero cabelludo antes de la aplicación de un relajante de hidróxido sódico, se debe colocar al cliente debajo de:

   a) una lámpara de calor
   b) un secador caliente
   c) un secador tibio
   d) un secador frío _____

32. El cabello que se estira cuando se tira de él con suavidad:

   a) tiene elasticidad
   b) es poroso
   c) es grueso
   d) es rizado _____

33. Lo más importante de un fundido químico es no hacer algo excesivamente, ¿qué?

   a) acondicionar el cabello
   b) relajar el cabello
   c) rizar el cabello
   d) secar el cabello _____

Véase también *Milady's. Libro de ejercicios teóricos.*

14

ALISADO TÉRMICO DEL CABELLO (PRENSADO DEL CABELLO)

Fecha _____

Calificación _____

Texto de las páginas 385-396

Aspecto a considerar

Búscate un lugar fijo para estudiar. No te distraigas—ni con las fotos de tu "amor", ni con los auriculares, ni con la televisión. Ése es tu lugar para ponerte a trabajar. Cada vez que lo hagas, te acercarás un poco más al trabajo de tus sueños.

INTRODUCCIÓN

1. Defina el alisado del cabello.

   _____

2. Identifique cuánto tiempo dura un prensado de cabello generalmente. _____

3. Mencione dos servicios para los que el prensado prepara el cabello.

   a. _____   b. _____

4. Explique qué porcentaje del rizo elimina el prensado del cabello suave.

   _____

5. Describa cómo realizar el prensado suave.

   _____

6. Explique qué porcentaje del rizo elimina el prensado medio del cabello. _____

7. Describa cómo realizar el prensado medio.

   _____

   _____

8. Explique qué porcentaje del rizo elimina el prensado duro del cabello. _____

9. Describa cómo conseguir el prensado duro.

   _____ o

   _____

ANÁLISIS DEL CABELLO Y DEL CUERO CABELLUDO

10. Mencione los cuatro estados del cabello y del cuero cabelludo que no permiten realizar un alisado.

    a. _____   b. _____

    c. _____   d. _____

11. Explique qué debe hacer si el cabello muestra señales de abandono o de tratamientos incorrectos originados por un prensado, aclarado o teñido deficiente. _____

12. Describa qué sucede si no se consigue corregir el cabello seco y frágil antes del prensado.

    _____

13. Identifique cuánto puede estirar con seguridad el cabello con buena elasticidad.

    _____

14. Explique qué sucede si la capacidad del cabello de absorber agua (porosidad) es normal.

    _____

15. Mencione ocho puntos que debe incluir un análisis del cabello y del cuero cabelludo.

    a. _____

    b. _____

    c. _____

    d. _____

    e. _____

    f. _____

    g. _____

    h. _____

16. Explique por qué los cosmetólogos deben ser capaces de reconocer las diferencias individuales respecto a las características del cabello y del cuero cabelludo.

    _____

    _____

    _____

17. Mencione dos factores a los que se pueden atribuir las variaciones en la textura del cabello.

    a. _____

    b. _____

18. Mencione dos acciones que le ayudarán a determinar cómo debe tratar el cabello del cliente.

    a. _____

    b. _____

19. Explique por qué es difícil prensar el cabello grueso.

    _____

    _____

20. Mencione el tipo de cabello menos resistente al prensado. _____

21. Explique cómo evitar la rotura del cabello fino.

    _____

22. Compare el número de capas que posee el cabello grueso y el cabello medio con el que posee el cabello fino.

    _____

    _____

23. Describa el tacto del cabello rizado e hirsuto. _____

24. Explique por qué el cabello rizado e hirsuto es muy resistente al prensado y requiere más calor y presión que otros tipos de cabello.

    _____

ESTADO DEL CUERO CABELLUDO

25. Mencione tres clasificaciones del cuero cabelludo.

    a. _____   b. _____

    c. _____

26. Explique qué hacer si el cuero cabelludo es normal.

    _____

27. Explique qué debe hacer si el cuero cabelludo es firme y el cabello es grueso.

    _____

28. Mencione dónde reside la dificultad principal de un cuero cabelludo flexible.

    _____

TARJETA DE REGISTRO

29. Mencione cuatro tratamientos por los que debe consultar al cliente.

   a. _____   b. _____

   c. _____   d. _____

TRATAMIENTOS DE ACONDICIONAMIENTO

30. Mencione tres requisitos para un tratamiento de acondicionamiento efectivo.

   a. _____

   b. _____

   c. _____

31. Mencione tres servicios que ayudan a que un cuero cabelludo firme se vuelva más flexible.

   a. _____   b. _____

   c. _____

PEINES DE PRENSADO

32. Mencione dos clases de peines de prensado.

   a. _____

   b. _____

33. Mencione los materiales que se utilizan para construir los peines de prensado. _____

34. Explique por qué el mango está hecho de madera. _____

35. Compare los resultados que se obtienen con un peine con más espacio entre las púas y los que se obtienen con uno con menos espacio.

   _____

   _____

36. Compare las longitudes del cabello con las que utilizar peines de prensado cortos y largos.

   _____

37. Mencione dos maneras de regular la temperatura de los peines de prensado.

   a. _____

   b. _____

38. Describa la posición de las púas y del mango mientras se calienta el peine.

_____

39. Especifique qué se utiliza para probar el peine de prensado. _____

40. Explique qué hacer si el papel se quema.

_____

41. Compare las dos formas en que están disponibles los peines de prensado eléctricos.

_____

_____

42. Describa cómo un secador de mano puede utilizarse para alisar el cabello.

_____

43. Explique cómo mantener limpio el peine de prensado.

_____

44. Explique cómo extraer el carbón del peine de prensado.

_____

_____

_____

ACEITE O CREMA DE PRENSADO

45. Mencione seis efectos beneficiosos de aplicar al cabello aceite o crema de prensado.

a. _____

b. _____

c. _____

d. _____

e. _____

f. _____

SECCIONADO DEL CABELLO

46. Especifique el número de secciones en que debe dividir la cabeza. _____

47. Explique de qué depende el tamaño de las subsecciones. _____

48. Mencione los tamaños de las subsecciones necesarios para cada uno de los tipos de cabello siguientes.

Textura media, densidad normal: _____

Cabello grueso, densidad mayor: _____

Cabello delgado o fino, poca densidad: _____

PROCEDIMIENTO DE PRENSADO SUAVE PARA CABELLO RIZADO NORMAL

49. Mencione el equipo, los utensilios y los materiales necesarios para un prensado suave.

a. _____

b. _____

c. _____

d. _____

e. _____

f. _____

g. _____

h. _____

i. _____

j. _____

50. Mencione los ocho pasos necesarios para la preparación de un prensado suave.

a. _____

b. _____

c. _____

d. _____

e. _____

f. _____

g. _____

h. _____

51. Mencione la zona de la cabeza por la que debe comenzar el procedimiento.

_____

52. Describa cómo aplicar el aceite de prensado sobre las pequeñas secciones del cabello.

_____

53. Explique cómo probar la temperatura del peine de prensado antes de aplicarlo sobre el cabello.

_____

54. Describa cómo levantar el extremo de una pequeña sección de cabello.

_____

55. Describa en qué parte de la sección de cabello debe insertar las púas del peine de prensado.

_____

56. Describa cómo hacer que el mechón de cabello se enrolle en sí mismo, parcialmente alrededor del peine.

_____

57. Identifique la parte del peine que, en realidad, efectúa el prensado. _____

58. Mencione cuánto tiempo debe presionar el peine lentamente a través del mechón de cabello.

_____

59. Especifique hasta dónde debe llevar cada sección de cabello finalizado.

_____

60. Mencione los cinco pasos necesarios para completar el servicio.

    a. _____

    b. _____

    c. _____

    d. _____

    e. _____

PRENSADO DURO

61. Explique cuándo recomendar un prensado duro.

_____

62. Describa cómo realizar el prensado duro. _____

63. Mencione el otro nombre que recibe el prensado duro. _____

RETOQUES

64. Mencione cuándo son necesarios los retoques.

_____

65. Mencione el servicio que se omite durante un retoque. _____

PRECAUCIONES DE SEGURIDAD

66. Mencione tres heridas que son el resultado inmediato del prensado del cabello.

    a. _____

    b. _____

    c. _____

67. Mencione dos heridas que no son evidentes inmediatamente.

    a. _____

    b. _____

68. Explique qué debe hacer en caso de quemadura del cuero cabelludo.

    _____

69. Para evitar daños, el cosmetólogo siempre debe prestar consideración a _____ y

    _____.

70. Mencione cuatro cosas que los cosmetólogos deben evitar para asegurar la seguridad del cliente.

    a. _____

    b. _____

    c. _____

    d. _____

DECLARACIÓN DE DESCARGO

71. Describa el propósito de la declaración de descargo.

    _____

    _____

NOTAS Y CONSEJOS SOBRE EL PRENSADO SUAVE

72. Mencione las siete notas y consejos sobre el prensado suave.

    a. _____

    b. _____

    c. _____

    _____

    d. _____

    e. _____

    f. _____

    g. _____

PRENSADO DE CABELLO FINO

73. Explique cómo evitar la rotura del cabello al realizar un prensado de cabello fino.

    _____

PRENSADO DE CABELLO FINO Y CORTO

74. Mencione dos razones por las que el peine de prensado no debe estar demasiado caliente cuando se realiza un prensado de cabello fino y muy corto.

    a. _____

    b. _____

75. Describa qué debe hacer en caso de que ocurra una quemadura accidental.

    _____

PRENSADO DE CABELLO GRUESO

76. Explique por qué, al prensar el cabello grueso, se debe aplicar la presión necesaria.

    _____

PRENSADO DE CABELLO TEÑIDO, ACLARADO O GRIS

77. Explique cómo obtener buenos resultados al prensar el cabello teñido, aclarado o gris.

    _____

78. Describa qué sucede si se utiliza un peine o unas tenazas calientes en el cabello teñido, aclarado o gris.

_____

REVISIÓN DE VOCABULARIO

alisado térmico del cabello	elasticidad	porosidad
brillantez	flexible	prensado del cabello
carbón	gelatina de violeta de genciana	presión
crema		

PRUEBA DE CONCORDANCIA

Coloque el término o la frase correctos delante de cada definición.

prensado con peine doble   prensado duro   prensado medio   prensado suave

1. _____ prensado del cabello mediante la aplicación del peine de prensado térmico una vez en cada lado del cabello

2. _____ prensado del cabello mediante la aplicación del peine de prensado térmico dos veces en cada lado del cabello

3 _____ otro nombre del prensado duro

4. _____ prensado del cabello mediante la aplicación del peine de prensado térmico una vez en cada lado del cabello utilizando algo más de presión

PRUEBA DE REVISIÓN RÁPIDA

Coloque la palabra en el espacio libre de cada una de las oraciones.

acondicionar	firme	opuesto
brillantez	flexible	poca
cabello	grueso	registro
calientes	humedece	retoque
carbón	limpio	textura
densidad	mayor	
fino	menor	

1. Los mechones de cabello quemados no se pueden _____.

2. Cuando los resultados de un prensado suave no sean los esperados, se recomienda realizar un prensado _____.

3. Para el cabello _____ de mayor densidad se deben utilizar pequeñas subsecciones.

4. El _____ se extrae frotando la superficie del peine de prensado con lima de uñas, lana de acero fina o papel de lija fino.

5. El prensado del cabello teñido, aclarado o gris, se debe prensar utilizando _____ presión.

6. El cabello que se encrespa otra vez debido a la transpiración o a la humedad puede necesitar un _____.

7. Los cosmetólogos deben mantener un _____ de todos los tratamientos de prensado.

8. El cabello grueso es el que tiene el _____ diámetro, el cabello fino tiene el _____ diámetro.

9. La dificultad principal de un cuero cabelludo _____ reside en que el cosmetólogo no aplique suficiente presión para prensar el cabello satisfactoriamente.

10. Después de cada uso, debe eliminar del peine el _____ suelto, la grasa y el polvo.

11. El aceite o la crema de prensado añaden _____ al cabello prensado.

12. El tamaño de las subsecciones depende de la _____ y _____ del cabello.

13. Utilizar un peine o unas tenazas _____ sobre el cabello teñido, aclarado o gris puede producir una decoloración o rotura del cabello.

14. A medida que prensa cada sección de cabello, debe llevarla hasta el lado _____ de la cabeza.

15. El cabello prensado vuelve a su estado rizado normal cuando se _____.

PRUEBA DE OPCIÓN MÚLTIPLE

Lea con detenimiento cada oración, luego escriba en el espacio libre de la derecha la letra que representa la palabra o frase que completa la expresión.

1. El cabello puede prensarse si:

    a) hay heridas en el cuero cabelludo   b) el cabello está dañado
    c) el cabello y el cuero cabelludo son sanos   d) hay alguna condición contagiosa
       y normales   del cuero cabelludo   _____

2. Un prensado suave elimina alrededor del:

    a) 30-40% del rizo   b) 50-60% del rizo
    c) 60-75% del rizo   d) 100% del rizo   _____

3. El tipo de cabello que necesita más calor y presión que los demás es el:

    a) cabello grueso   b) cabello medio
    c) cabello fino   d) cabello rizado e hirsuto   _____

4. Un cliente alérgico al aceite de prensado puede sufrir:

   a) rotura del cabello
   c) irritaciones de la piel
   b) quemaduras del cabello
   d) quemaduras en la piel _____

5. El cabello teñido, aclarado o gris, se debe prensar con:

   a) un peine muy caliente
   c) un peine moderadamente calentado
   b) un peine caliente
   d) un peine frío _____

6. Los peines de prensado están construidos con algo de buena calidad, ¿qué?:

   a) acero inoxidable o latón
   c) hierro o bronce
   b) aluminio u oro
   d) peltre o plata _____

7. Si el cuero cabelludo es firme puede hacerse más flexible con masajes sistemáticos y:

   a) cepillado del cabello
   c) alisado térmico del cabello
   b) tinte
   d) enjuagados con agua fría _____

8. La causa del cabello chamuscado o quemado durante un prensado es:

   a) no haberlo lavado antes
   c) haber aplicado demasiado aceite de prensado
   b) haberlo acondicionado antes
   d) haber aplicado poco aceite de prensado _____

9. Si el cabello muestra señales de abandono o de tratamientos incorrectos, el cliente debe recibir una serie de:

   a) ondulados permanentes
   c) tratamientos de prensado
   b) relajantes químicos
   d) tratamientos de acondicionamiento _____

10. El cabello rizado e hirsuto puede reconocerse por su:

    a) tacto duro y acristalado
    c) tacto suave
    b) tacto esponjoso
    d) tacto suave _____

11. Mientras se calienta el peine, las púas deben estar:

    a) hacia abajo
    c) hacia el lado derecho
    b) hacia arriba
    d) hacia el lado izquierdo _____

12. El tamaño de las subsecciones para el cabello fino o delgado de poca densidad debe ser:

    a) muy pequeño
    c) normal
    b) pequeño
    d) grande _____

13. Un ejemplo de herida que no es evidente inmediatamente es:

    a) el cabello quemado
    c) el cabello que se rompe progresivamente
    b) el cuero cabelludo quemado
    d) las quemaduras en las orejas y en el cuello _____

14. El cabello con buena elasticidad puede estirarse con seguridad alrededor de:

    a) una quinta parte de su longitud
    c) una tercera parte de su longitud
    b) una cuarta parte de su longitud
    d) la mitad de su longitud _____

15. El cabello está preparado para un tratamiento de prensado cuando se le aplica:

    a) laca para el cabello
    c) un tinte permanente
    b) un relajante químico
    d) el aceite o crema de prensado _____

16. La parte del peine que, en realidad, efectúa el prensado es:

    a) las púas
    c) la varilla posterior
    b) el mango
    d) la varilla frontal

17. No se debe realizar un prensado de cabello a un cliente con:

    a) heridas en el cuero cabelludo
    c) cabello grueso
    b) caspa
    d) cabello fino

18. El documento que libra al cosmetólogo de toda responsabilidad por accidentes y daños se denomina:

    a) tarjeta de registro
    c) póliza de seguro
    b) declaración de descargo
    d) póliza por mala praxis

19. La capa que no posee el cabello fino es:

    a) la cutícula
    c) la médula
    b) la corteza
    d) la capa folicular

20. El peine de prensado se mantiene esterilizado debido a:

    a) el uso frecuente
    c) el calor intenso
    b) el uso infrecuente
    d) el aceite de prensado

21. Las quemaduras en el cuero cabelludo pueden provocar algo de manera temporal o permanente al cabello, ¿qué?:

    a) la caída
    c) el color
    b) el crecimiento
    d) rizos

22. La capacidad del cabello de absorber agua se denomina:

    a) textura
    c) elasticidad
    b) densidad
    d) porosidad

23. El mango de los peines de prensado en general está hecho de:

    a) metal
    c) madera
    b) piedra
    d) material sintético

24. El mejor momento para prensar el cabello es:

    a) antes del lavado
    c) después del tinte permanente
    b) después del lavado
    d) después de un ondulado permanente

25. Un prensado duro elimina alrededor del:

    a) 30-45% del rizo
    c) 60-75% del rizo
    b) 50-60% del rizo
    d) 100% del rizo

26. Después de calentar el peine utilizando la temperatura adecuada, debe probarlo en:

    a) una toalla marrón
    c) un trozo de papel blanco
    b) una toalla color tostado
    d) un trozo de papel oscuro

27. El chamuscamiento o quemado del cabello durante el tratamiento de prensado se previene:

    a) no lavando el cabello antes
    c) secando el cabello completamente después de la aplicación del champú
    b) acondicionando el cabello antes
    d) secando el cabello con la toalla después de la aplicación del champú

28. Los masajes de cuero cabelludo sistemáticos y la corriente continua de alta frecuencia ayudan a estimular:

    a) la caspa en el cuero cabelludo
    c) el cabello gris

    b) la sequedad en el cuero cabelludo
    d) la circulación sanguínea   _____

29. El tipo de cabello menos resistente al prensado es el:

    a) cabello grueso
    c) cabello fino

    b) cabello medio
    d) cabello rizado e hirsuto   _____

30. El aceite de prensado debe aplicarse:

    a) escasamente
    c) libremente

    b) generosamente
    d) excesivamente   _____

31. Los peines de prensado cortos se utilizan con:

    a) el cabello corto
    c) el cabello largo

    b) el cabello medio a largo
    d) el cabello muy largo   _____

32. El procedimiento para un retoque es igual al del tratamiento de prensado original, pero:

    a) se tiñe el cabello antes
    c) se lava y se seca completamente
       el cabello antes

    b) se lava el cabello antes
    d) se omite el lavado   _____

33. En caso de quemadura del cuero cabelludo, se debe aplicar inmediatamente:

    a) ácido bórico
    c) gelatina de violeta de genciana al 1%

    b) agua oxigenada
    d) alcohol al 70%   _____

34. El peine con más espacio entre las púas produce:

    a) un prensado de aspecto fino
    c) un prensado de aspecto grueso

    b) un prensado de aspecto medio
    d) un prensado más suave   _____

35. El tamaño de las subsecciones para cabello con textura media con una densidad normal es:

    a) pequeño
    c) grande

    b) normal
    d) muy grande   _____

36. La rotura y el acortamiento progresivo del cabello se deben a:

    a) cortes frecuentes
    c) prensados infrecuentes

    b) acondicionamientos frecuentes
    d) prensados demasiado frecuentes   _____

37. Un prensado medio elimina alrededor del:

    a) 30-45% del rizo
    c) 60-75% del rizo

    b) 50-60% del rizo
    d) 100% del rizo   _____

38. Un ejemplo de herida que no es evidente inmediatamente es:

    a) el cabello quemado
    c) las quemaduras en las orejas y en el cuello

    b) el cuero cabelludo quemado
    d) irritaciones de la piel   _____

39. El tipo de cabello que necesita menos calor y presión que los demás es el:

    a) cabello grueso
    c) cabello fino

    b) cabello medio
    d) cabello rizado e hirsuto   _____

40. La parte metálica del peine adquirirá una apariencia lisa y brillante cuando se sumerja en una solución de:

   a) agua oxigenada
   c) desinfectante

   b) bicarbonato sódico
   d) alcohol

15

EL ARTE DEL CABELLO ARTIFICIAL

Fecha _____

Calificación _____

Texto de las páginas 397-417

Aspecto a considerar

"Es posible que te desilusiones si fallas, pero estás condenado si no lo intentas". — Beverly Sills

CÓMO TOMAR LAS MEDIDAS DE LA PELUCA

1. Explique por qué debe medir la cabeza del cliente con precisión.

   _____

2. Explique cómo mantener el cabello liso y firme contra el cuero cabelludo.

   _____

3. Mencione el material necesario para medir la cabeza. _____

4. Mencione las seis medidas necesarias para una peluca.

   a. _____

   b. _____

   c. _____

   d. _____

   e. _____

   f. _____

CÓMO REALIZAR UN PEDIDO DE UNA PELUCA

5. Identifique dónde debe enviar una copia de las medidas de la cabeza del cliente.

   _____

6. Mencione cuatro características que debe incluir en el registro escrito.

   a. _____   b. _____

   c. _____   d. _____

CÓMO COLOCAR LA PELUCA EN UNA CABEZA ARTIFICIAL

7. ¿Qué es una cabeza artificial?

   _____

   _____

8. Describa qué clase de cabeza artificial soporta alfilerazos continuos y manipulaciones bruscas.

   _____

9. Mencione los seis tamaños de cabezas artificiales de lona.

   a. _____   b. _____

   c. _____   d. _____

   e. _____   f. _____

10. Mencione dos razones para un buen empleo de las cabezas artificiales.

    a. _____

    b. _____

11. Explique qué sucede cuando una peluca se estira y se sujeta mediante agujas a una cabeza artificial demasiado grande (y el casquete está húmedo).

12. Explique qué sucede cuando una peluca cuelga quedando muy suelta en una cabeza artificial demasiado pequeña (y el casquete, si está hecho de algodón, está húmedo) _____

13. Mencione cuatro lugares donde sujetar la peluca con alfileres.

    a. _____   b. _____

    c. _____   d. _____

14. Describa para qué se utilizan las cabezas artificiales de resina de estireno. _____

AJUSTE DE LA PELUCA A UN TAMAÑO MAYOR

15. Explique cómo estirar una peluca demasiado estrecha.

    _____

    _____

AJUSTE DE LA PELUCA A UN TAMAÑO MENOR

16. Explique el propósito de hacer pliegues horizontales. _____

17. Explique el propósito de hacer pliegues verticales.

_____

18. Explique por qué debe comprobar el ajuste del casquete después de cada pliegue.

_____

19. Explique qué hacer si la peluca toca las orejas.

_____

20. Explique qué hacer si la peluca roza o toca un lado de la oreja.

_____

21. Explique qué hacer si la peluca es demasiado larga desde la frente a la nuca.

_____

22. Explique por qué el pliegue se debe coser hacia la coronilla (nunca apartándose de ésta).

_____

23. Explique qué hace con el cabello cuando se está realizando un pliegue.

_____

24. Identifique dónde debe coser los pliegues cuando ajusta una peluca ventilada o cosida a mano.

_____

25. Especifique dónde debe coser los pliegues cuando ajusta una peluca hecha a máquina o entretejida.

_____

LA BANDA ELÁSTICA

26. Describa el paso final del proceso de ajuste de la peluca.

_____

27. Explique por qué algunos estilistas prefieren sujetar los cordones de la banda elástica con imperdibles pequeños.

_____

28. Explique por qué la banda elástica requiere ajustes o cambios periódicos.

_____

_____

29. Identifique otro método, que prefieren otros estilistas, de sujetar la banda elástica.

_____

PELUCAS DE CABELLO HUMANO

30. Identifique con qué frecuencia se deben limpiar las pelucas de cabello humano.

_____

31. Explique cómo proteger la lona de la cabeza artificial. _____

32. Mencione el propósito de cepillar la peluca. _____

33. Mencione cómo debe marcar el tamaño de la peluca en la cabeza artificial para que no se estire ni se encoja.

_____

_____

34. Especifique el tipo de limpiador que se utiliza para limpiar las pelucas de cabello humano.

_____

35. Identifique qué lado de la peluca se coloca hacia abajo cuando se la sumerge. _____

36. Describa el método de limpieza alternativo.

_____

_____

37. Explique cómo eliminar el exceso de líquido. _____

38. Explique qué debe hacer después de eliminar el exceso de líquido.

_____

_____

39. Especifique cuándo colocar y peinar la peluca. _____

PELUCAS ATADAS A MANO

40. Explique por qué las pelucas atadas a mano deben limpiarse sobre una cabeza artificial.

_____

41. Mencione los once pasos necesarios para limpiar una peluca atada a mano.

a. _____

b. _____

c. _____

d. _____

e. _____

f. _____

g. _____

h. _____

i. _____

j. _____

k. _____

PELUCAS SINTÉTICAS

42. Explique por qué las pelucas y los postizos sintéticos no necesitan ser limpiados con tanta frecuencia como las pelucas de cabello humano.

_____

43. Especifique con cuánta frecuencia deben limpiarse las pelucas y los postizos sintéticos.

_____

44. Describa qué sucede cuando se utiliza agua caliente para limpiar las pelucas sintéticas.

_____

45. Identifique qué no debe hacer cuando la peluca sintética está húmeda. _____

46. Mencione los once pasos necesarios para limpiar una peluca sintética.

a. _____

b. _____

c. _____

d. _____

_____

e. _____

_____

f. _____

g. _____

h. _____

i. _____

j. _____

k. _____

47. Explique cómo reducir el tiempo de secado. _____

48. Explique por qué la mayoría de las pelucas sintéticas no necesitan un peinado posterior. _____

ACONDICIONAMIENTO DE LA PELUCA

49. Identifique lo que no posee una peluca en contraposición con el cabello humano.

_____

50. Mencione dos razones para utilizar un tratamiento acondicionador después de cada limpieza de la peluca.

a. _____

b. _____

51. Especifique qué material se utiliza para distribuir el acondicionador en el cabello.

_____

52. Especifique cuánto tiempo debe dejar el acondicionador en el cabello.

_____

CONFORMACIÓN DE PELUCAS

53. Compare la cantidad de cabello que contiene una peluca con la que contiene una cabeza humana.

_____

54. Describa el aspecto que presentará la peluca si no se rebaja y entresaca correctamente.

_____

55. Mencione tres zonas en las que eliminar el volumen de una peluca.

   a. _____   b. _____

   c. _____

56. Identifique la distancia desde la base de la peluca a la que puede cortar el cabello.

   _____

57. Mencione dos razones para rebajar el cabello cerca del casquete.

   a. _____

   b _____

58. Explique por qué es necesario tener un cuidado especial cuando se corta el cabello a una peluca anudada a mano.

   _____

59. Explique por qué es necesario tener un cuidado especial cuando se corta el cabello a una peluca entramada.

   _____

60. Explique por qué debe tener cuidado cuando corta el cabello de una peluca.

   _____

61. Explique por qué el cliente debe usar la peluca mientras se corta una línea guía.

   _____

62. Explique por qué se recomienda finalizar el corte en la cabeza artificial.

   _____

63. Identifique dónde situar la peluca sobre la cabeza artificial de lona para proceder al cortado.

   _____

PELUCAS DE PELO SINTÉTICO

64. Explique por qué las pelucas sintéticas se deben cortar cuando están secas.

   _____

65. Explique por qué debe utilizar tijeras de entresacar con la fibra sintética o con una mezcla de cabello sintético y humano.

_____

_____

AJUSTE Y PEINADO DE LAS PELUCAS

66. Mencione dos maneras en las que el ajuste del cabello de la peluca difiere del ajuste en una cabeza humana.

   a. _____

   b. _____

67. Especifique dónde se marcan y se peinan siempre las pelucas. _____

68. Explique cómo mantener el peinado cerca de la cabeza.

_____

69. Explique cómo sujetar con más seguridad tanto los rulos como los rizos.

_____

70. Explique por qué sólo puede cardar las pelucas en la base de sus fibras.

_____

71. Explique qué sucede cuando se daña el tallo del cabello.

_____

72. Explique cómo se definen los estilos de las pelucas sintéticas.

_____

COLOCACIÓN Y EXTRACCIÓN DE LA PELUCA

73. ¿Cuál es el paso siguiente después de que la peluca esté colocada cómodamente en la cabeza del cliente?

_____

74. Describa cómo extraer una peluca.

_____

_____

BAÑOS DE COLOR

75. Especifique con qué frecuencia puede volver a utilizar baños de color en las pelucas de cabello humano.

   _____

76. Explique las limitaciones de los baños de color. _____

77. Explique qué debe hacer si el cliente desea un color más claro.

   _____

78. Mencione los seis pasos necesarios para aplicar un baño de color a una peluca de cabello humano.

   a. _____

   b. _____

   c. _____

   d. _____

   _____

   e. _____

   f. _____

79. Identifique otro tipo de teñido que puede utilizarse con las pelucas de cabello humano.

   _____

80. Identifique el tipo de teñido que nunca debe utilizarse en una peluca o en un postizo.

   _____

81. Mencione tres características de los tintes semipermanentes.

   a. _____

   b. _____

   c. _____

82. Mencione los nueve pasos necesarios para aplicar un tinte semipermanente en pelucas hechas a máquina.

   a. _____

   b. _____

   c. _____

   d. _____

   e. _____

f. _____

g. _____

h. _____

i. _____

TINTES PERMANENTES

83. Explique por qué la aplicación de un tinte permanente en pelucas y postizos solamente de cabello humano puede resultar muy arriesgado.

_____

84. Describa los resultados de aplicar tintes permanentes a pelucas y postizos solamente de cabello humano.

_____

POSTIZOS

85. Defina los añadidos. _____

86. Explique cómo se usan los añadidos.

_____

87. Defina los bisoñés.

_____

88. Explique cómo se utilizan principalmente los bisoñés.

_____

_____

89. Defina el postizo del tipo bandó. _____

90. Describa cómo se utiliza generalmente el postizo del tipo bandó.

_____

91. Defina el postizo de caída.

_____

92. Mencione los tres tipos de postizos de caída y especifique sus longitudes.

a. _____   b. _____

c. _____

93. Defina el semicolgante o semipeluca. _____

_____

94. Defina la cascada._____

_____

95. Describa cómo se pueden peinar las cascadas. _____

_____

96. Defina la trenza. _____

97. Explique por qué algunas trenzas se fabrican con un alambre delgado dentro.

_____

98. Defina el moño. _____

_____

99. Especifique cómo sacar el máximo provecho del moño. _____

100. Defina los rizos de coronilla. _____

101. Defina los rizos mechados. _____

_____

102. Designe cada uno de los postizos de las ilustraciones.

1. _____

2. _____

3. _____

4. _____

5. _____

PRECAUCIONES DE SEGURIDAD

103. Mencione las once precauciones de seguridad relativas al cabello artificial.

a. _____

b. _____

c. _____
    _____

d. _____
    _____

e. _____
    _____

f. _____

g. _____

h. _____

i. _____

j. _____

k. _____

REVISIÓN DE VOCABULARIO

agujas en forma de T	cabeza artificial de lona	no absorbente
añadidos	cabeza artificial de resina de estireno	no inflamable
artificial	cascada	pliegues
atadas a mano	casquete	postizo de caída
banda elástica	circunferencia	rizos de coronilla
bandó	entramada	rizos mechados
base	extensiones	semicolgante
bisoñés	hechas a máquina	sintético
cabello humano	moño	trenza
cabeza artificial		ventilada

PRUEBA DE CONCORDANCIA

Coloque el término o la frase correctos delante de cada definición.

añadidos	de caída	semicolgante
bandó	moño	trenza
bisoñés	rizos de coronilla	
cascada	rizos mechados	

1. _____ sección de cabellos entrelazados a máquina sobre una base redonda, disponible en diferentes longitudes

2. _____ nudo o rollo de cabello sintético que se aprovecha mejor si se utiliza en combinación con otro postizo

3 _____ postizo con una base oblonga que ofrece una variedad infinita de posibilidades de peinado

4. _____ largas tramas de cabello montado con un bucle final

5. _____ postizo tejido en una cinta para el cabello

6. _____ añadido cuyos mechones están tejidos, entrelazados o entramados

7. _____ grupo de rizos ligeros que se llevan en la parte superior de la cabeza

8. _____ postizo con una base grande diseñado para que se ajuste a la forma de la cabeza

9. _____ postizos de base plana que se utilizan en zonas especiales de la cabeza

PRUEBA DE REVISIÓN RÁPIDA

Coloque la palabra en el espacio libre de cada una de las oraciones.

abultado	firme	pliegues
artificial	grasas	problemas
banda elástica	limpiadores	pulgar
base	medidas	suave
cabeza artificial	mojadas	tramas
daña	naturales	
dedo índice	plástico	

1. Para poder asegurar un ajuste cómodo y seguro, se deben tomar _____ precisas de la cabeza del cliente.

2. Si no se rebaja o entresaca la peluca correctamente, presentará un estado _____ y _____.

3. Para extraer una peluca, sólo se coloca el _____ debajo del casquete en la nuca.

4. Demasiados pliegues pueden hacer que la peluca suba hacia arriba y que provoque nuevos _____ de ajuste.

5. Las fibras sintéticas pueden perder la forma si se estiran cuando están _____.

6. La cabeza artificial se protege con una cobertura de _____.

7. Una peluca se diferencia del cabello humano natural en que no posee su propio suministro de _____ naturales, necesarias para su autolubricación.

8. Al cortar y rebajar el cabello de la peluca, debe hacerse tan cerca como sea posible de su _____.

9. El paso final del proceso de ajuste de la peluca es ajustar la _____ en su parte posterior.

10. Si se _____ el cabello al rebajarlas, quedará una peluca con un aspecto rizado y demasiado ondulado.

11. Debido a la estructura delicada de las pelucas atadas a mano, deberá limpiarlas sobre una _____.

12. Cuando se realiza un corte a una peluca, es importante evitar cortar las _____ o los hilos de coser.

13. Los _____ deben coserse hacia la coronilla para que no se aparte de la peluca.

14. Los _____ de pelucas secan excesivamente el cabello

15. Una peluca muy _____ puede ajustarse mojando su base con agua caliente y luego estirándola y sujetándola cuidadosamente con agujas a la cabeza artificial.

PRUEBA DE OPCIÓN MÚLTIPLE

Lea con detenimiento cada oración, luego escriba en el espacio libre de la derecha la letra que representa la palabra o frase que completa la expresión.

1. Cepillar una peluca sintética mientras está húmeda puede:

   a) decolorar los mechones
   c) romper los mechones
   b) disolver los mechones
   d) eliminar el rizo
   _____

2. Comparada con una cabeza humana, una peluca contiene aproximadamente:

   a) la mitad de cabellos
   c) el doble de cabellos
   b) la misma cantidad de cabellos
   d) el triple de cabellos
   _____

3. Se pueden provocar daños permanentes a una peluca sintética si se la corta con:

   a) unas tijeras
   c) unas tijeras de entresacar
   b) una navaja
   d) unas tijeras de dar textura
   _____

4. El cabello de una peluca o un postizo no puede:

   a) limpiarse
   c) peinarse
   b) cortarse
   d) volver a crecer
   _____

5. Al trabajar con limpiador líquido, los cosmetólogos debe utilizar:

   a) guantes protectores
   c) una protección en la cabeza
   b) un delantal
   d) un delantal de laboratorio
   _____

6. Las pelucas de cabello humano se deben limpiar aproximadamente cada:

   a) semana
   c) 6 a 8 semanas
   b) 2 a 4 semanas
   d) 10 a 12 semanas
   _____

7. En el salón de belleza se guarda un registro escrito de las mediciones de la cabeza y se envía una copia a:

   a) el cliente
   c) el fabricante o concesionario de pelucas
   b) el cónyuge del cliente
   d) el consejo estatal de cosmetología
   _____

8. Se puede aplicar sin riesgos a una peluca de cabello humano:

   a) baños de color
   c) tintes permanentes
   b) aclarador de cabello
   d) ondulado permanente
   _____

9. Para reducir el tiempo de secado de una peluca o postizo sintéticos, puede colocarlos debajo de:

   a) una lámpara de calor
   c) un secador tibio
   b) un secador caliente
   d) un secador frío
   _____

10. Los rulos y los rizos se aseguran con:

    a) agujas en forma de T
    b) clips
    c) pasadores
    d) pinzas
    _____

11. Las pelucas de cabello humano se limpian con:

    a) un champú equilibrado en ácido
    b) un champú alcalino
    c) un limpiador líquido no inflamable
    d) un champú para la caspa
    _____

12. El cardado sólo puede hacerse en:

    a) el área de la coronilla
    b) la parte superior
    c) las puntas del cabello
    d) la base de las fibras
    _____

13. Las pelucas sintéticas deben cortarse cuando están:

    a) mojadas
    b) húmedas
    c) levemente húmedas
    d) secas
    _____

14. La aplicación de un tinte permanente en pelucas y postizos solamente de cabello humano puede provocar:

    a) una coloración uniforme
    b) una coloración desigual
    c) un cabello en buenas condiciones
    d) un cabello brillante
    _____

15. El ajuste del cabello de la peluca es un proceso parecido al ajuste del cabello en una cabeza humana, excepto por la cobertura de:

    a) la parte superior de la cabeza
    b) la coronilla
    c) el nacimiento del cabello
    d) la parte posterior de la cabeza
    _____

16. Las pelucas y los postizos sintéticos deben limpiarse cada:

    a) 3 meses
    b) 6 meses
    c) 9 meses
    d) 12 meses
    _____

17. Las cabezas artificiales que se usan para todos los servicios profesionales de la peluca están hechas de:

    a) madera
    b) lona
    c) plástico
    d) resina de estireno
    _____

18. Para mantener el estilo cerca de la cabeza, el cabello se sujeta con:

    a) rizos fijos
    b) rulos pequeños
    c) rulos grandes
    d) tenazas de ondular
    _____

19. El calor excesivo hace que los mechones de las pelucas sintéticas se peguen y que:

    a) se quemen
    b) se disuelvan
    c) se vuelvan más rizados
    d) pierdan el rizo
    _____

20. Una peluca mojada siempre debe colocarse en una cabeza artificial:

    a) del mismo tamaño que la cabeza humana
    b) más pequeña que la cabeza humana
    c) mayor que la cabeza humana
    d) mucho mayor que la cabeza humana
    _____

21. La mejor técnica para cortar una línea guía consiste en hacerlo mientras está en:

    a) la cabeza artificial
    b) la cabeza del cliente
    c) la cabeza del cosmetólogo
    d) la cabeza de cualquier persona
    _____

22. La parte de la peluca que requiere ajustes o cambios periódicos es:

    a) la banda elástica
    b) la zona de la coronilla
    c) la línea de nacimiento del cabello frontal
    d) los lados
    _____

23. Las pelucas vienen ya cortadas con estilos definidos por los:

   a) dueños

   c) amigos de los dueños

   b) estilistas de los dueños

   d) fabricantes _____

24. Para impedir que el cabello de la peluca se seque y presente un aspecto apagado, es necesario:

   a) teñirlo

   c) reacondicionarlo

   b) aclararlo

   d) realizarle un ondulado permanente _____

Véase también *Milady's. Libro de ejercicios teóricos.*

16

MANICURA Y PEDICURA

Fecha _____

Calificación _____

Texto de las páginas 419-452

Aspecto a considerar

"Para triunfar, lo primero que debes hacer es enamorarte de tu trabajo". — Sister Mary Lauretta

PREPARACIÓN DE LA MESA DE MANICURA

1. Especifique qué normas debe seguir para ofrecer una manicura profesional.

   _____

2. Explique cómo hacer que el cliente esté más dispuesto a aceptar los consejos y sugerencias del profesional.

   _____

   _____

PROCEDIMIENTO

3. Mencione los ocho pasos necesarios para preparar la mesa de manicura.

   a. _____

   b. _____

   c. _____

   d. _____

   _____

   e. _____

   f. _____

   g. _____

   h. _____

4. Identifique para qué no debe utilizar el cajón de la mesa de manicura. _____

5. Identifique los materiales y útiles de manicura en la ilustración.

1. _____
2. _____
3. _____
4. _____
5. _____
6. _____
7. _____
8. _____
9. _____
10. _____
11. _____

MANICURA NORMAL

6. Mencione los cinco pasos necesarios para la preparación de una manicura normal.

a. _____

b. _____

c. _____

d. _____

e. _____

7. Explique qué hacer si corta la piel del cliente durante la manicura.

_____

PROCEDIMIENTO

8. Especifique por dónde tiene que comenzar a quitar el esmalte anterior. _____

9. Describa cómo suavizar el esmalte anterior.

_____

_____

10. Explique un método alternativo para quitar el esmalte anterior.

_____

_____

_____

11. Especifique por dónde debe comenzar a limar las uñas.

_____

12. Describa cómo sostener el dedo del cliente.

_____

13. Explique cómo limar en el lado inferior del borde libre.

_____

14. Explique cómo evitar que las uñas se partan mientras se las lima.

_____

15. Mencione dos razones por las que debe evitar limar con profundidad dentro de las esquinas de la uña.

a. _____   b. _____

16. Explique cuándo debe sumergir la mano izquierda en el cuenco para los dedos.

_____

17. Especifique la razón para sumergir la mano izquierda dentro del cuenco.

_____

18. Describa cómo tratar las cutículas mientras seca la punta de los dedos.

_____

19. Describa cómo hacer un aplicador para su uso al aplicar un eliminador de cutícula.

_____

20. Identifique qué extremo del empujador de cutícula se usa para soltarla suavemente. _____

21. Describa cómo debe mantener la cutícula mientras la está soltando. _____

22. Especifique en qué posición se utiliza el empujador de cutícula para extraer la cutícula muerta.

_____

23. Explique cómo evitar que se dañe el tejido de la raíz de la uña.

_____

24. Especifique qué se utiliza para limpiar el borde libre.

_____

25. Especifique en qué dirección se limpia debajo del borde libre. _____

26. Mencione tres cosas que debe extraer con las tenacillas de cutícula.

a. _____   b. _____

c. _____

27. Describa cómo debe extraer la cutícula. _____

28. Especifique cuándo debe sumergir la mano derecha en el cuenco para los dedos.

_____

29. Describa cómo blanquear bajo el borde libre.

_____

30. Explique cómo aplicar blanqueador bajo el borde libre de las uñas.

_____

_____

31. Describa cómo aplicar a las cutículas aceite o crema de cutícula mediante masajes.

_____

32. Explique cómo realizar la manicura de las uñas y de las cutículas de la mano derecha.

_____

33. Describa cómo limpiar las uñas de las dos manos.

_____

34. Explique qué debe hacer después de limpiar las uñas de las dos manos.

_____

PROBLEMAS DE LAS UÑAS

35. Explique la causa de una franja de piel suelta alrededor de la uña.

_____

36. Describa cómo prevenir la aparición de la piel suelta.

_____

37. Mencione dos maneras de suavizar los callos de las puntas de los dedos.

a. _____

b. _____

38. Explique qué cosa ayuda a comenzar con el procedimiento para eliminar los callos.

_____

39. Mencione dos maneras de eliminar las manchas de las uñas.

a. _____

b. _____

CONCLUSIÓN

40. Describa qué se utiliza para proporcionar a las uñas un borde biselado suave.

_____

41. Describa qué puede realizar como servicio adicional.

_____

42. Identifique las pasadas que se utilizan para aplicar la capa base. _____

43. Describa cuánto tiempo debe dejar la capa base hasta que se seque. _____

44. Explique cómo eliminar el exceso de esmalte líquido del cepillo de pelo de camello.

_____

45. Describa la manera de aplicar el esmalte a las uñas.

_____

46. Describa cómo diluir el esmalte denso. _____

47. Describa cómo eliminar el esmalte sobrante de las cutículas y de los bordes de la uña.

_____

_____

48. Explique cómo obtener un mayor soporte y protección con la capa superior.

_____

49. Describa el servicio adicional que puede aplicar.

_____

LIMPIEZA FINAL

50. Mencione los seis pasos necesarios para la limpieza final.

    a. _____

    b. _____

    c. _____

    d. _____

    e. _____

    f. _____

NORMAS DE SEGURIDAD DE LA MANICURA

51. Explique cómo prevenir accidentes y daños del cliente y del técnico manicurista.

_____

52. Mencione las quince normas de seguridad asociadas con la manicura.

    a. _____

    b. _____

    c. _____

    d. _____

    e. _____

    f. _____

    g. _____

    h. _____

    i. _____

j. _____

k. _____

l. _____

m _____

n. _____

o. _____

ESTILOS INDIVIDUALES DE UÑA

53. Explique por qué la forma de la uña se debe adaptar a la de la punta del dedo.

_____

54. Mencione los cuatro tipos de formas de uña.

   a. _____   b. _____

   c. _____   d. _____

55. Identifique la forma de uña que se considera ideal. _____

56. Especifique la forma de mano más apropiada para la uña delgada y cónica. _____

57. Describa cómo mejorar la apariencia esbelta de la mano.

_____

58. Describa cuánto debe extenderse la uña cuadrada o rectangular.

_____

59. Describa la manera de dar forma a la uña redonda.

_____

MASAJE DE MANOS

60. Explique por qué debe incluir un masaje de manos en cada manicura.

_____

PROCEDIMIENTO

61. Especifique dónde colocar la loción de manos. _____

62. Describa cómo flexibilizar la muñeca del cliente.

_____

63. Describa cómo flexibilizar la parte superior de la mano y las articulaciones de los dedos.

_____

64. Describa cómo relajar completamente la mano del cliente.

_____

_____

65. Especifique dónde debe agarrar cada dedo antes de hacerlos rotar en círculos grandes. _____

66. Describa tres movimientos utilizados para manipular la muñeca.

a. _____

b. _____

c. _____

67. Describa cómo acabar el masaje en la mano.

_____

_____

MASAJES DE MANO Y BRAZO

68. Identifique hasta dónde se extienden los masajes en la mano y en el brazo.

_____

PROCEDIMIENTO

69. Describa (brevemente) los siete pasos necesarios del procedimiento para los masajes en la mano y en el brazo.

a. _____

b. _____

c. _____

d. _____

e. _____

f. _____

g. _____

MANICURA ELÉCTRICA

70. Describa el utensilio que se utiliza para una manicura eléctrica.

_____

71. Explique qué deben hacer los cosmetólogos antes de utilizar una máquina de manicura eléctrica.

_____

MANICURA DE ACEITE

72. Mencione tres condiciones que se mejoran con la manicura de aceite.

   a. _____   b. _____

   c. _____

73. Describa cómo una manicura de aceite mejora las manos.

_____

74. Identifique el tipo de aceite que se utiliza en una manicura de aceite.

_____

75. Describa cuándo debe hacer que el cliente coloque los dedos en el aceite caliente.

_____

76. Mencione tres productos que no se necesitan durante una manicura de aceite.

   a. _____   b. _____

   c. _____

77. Explique cómo limpiar el aceite de las manos. _____

78. Explique cómo limpiar las uñas para extraer el aceite antes de aplicar la capa base.

_____

MANICURA PARA HOMBRES

79. Identifique las dos formas de uña que prefieren los hombres.

   a. _____   b. _____

80. Identifique el tipo de esmalte que se utiliza con un pulidor de uñas. _____

81. Describa las pasadas necesarias para pulir las uñas.

_____

82. Explique cómo impedir una sensación de quemadura o de calor en las uñas.

_____

83. Mencione tres beneficios que proporciona la acción de pulir las uñas.

a. _____

b. _____

c. _____

84. Especifique cuándo no se necesita pulir. _____

MANICURA DE CABINA

85. Describa una manicura de cabina.

_____

TÉCNICAS AVANZADAS DE UÑAS

86. Mencione seis técnicas avanzadas de manicura.

a. _____   b. _____

c. _____   d. _____

e. _____   f. _____

87. Mencione cuatro razones para utilizar uñas artificiales.

a. _____

b. _____

c. _____

d. _____

ENVOLTURA DE UÑAS

88. Mencione dos propósitos de la envoltura de las uñas.

a. _____

b. _____

89. Describa las diferencias entre envolver las uñas con seda y hacerlo con lino.

_____

_____

90. Describa lo que debe hacer para que el material de restauración se adhiera a la uña.

_____

91. Especifique qué se utiliza para saturar el material de restauración. _____

92. Indique dónde debe colocar el material de restauración saturado. _____

93. Describa cómo alisar la superficie del segmento desde el borde de la uña.

_____

94. Indique por qué puede ser necesario añadir otro segmento. _____

95. Describa qué debe hacer antes de aplicar la capa base y el esmalte.

_____

96. Explique cómo limar la superficie de la uña antes de fortalecerla.

_____

97. Describa cómo debe rasgar los bordes del material de envoltura.

_____

98. Explique cómo aplicar adhesivo reparador al tejido reparador.

_____

99. Mencione dos razones para utilizar el palillo de naranjo después de colocar el material de envoltura sobre la uña.

    a. _____

    b. _____

100. Describa qué hacer con la parte interior de la uña cuando está usando tejido reparador.

_____

_____

101. Indique dónde debe aplicar una o dos capas de adhesivo.

_____

102. Especifique qué debe aplicar después del adhesivo. _____

103. Identifique el tipo de producto necesario para soltar la envoltura de la uña.

_____

104. Identifique qué utensilio se utiliza para quitar suavemente la envoltura suelta.

_____

105. Especifique dónde debe colocar las puntas de los dedos del cliente después de quitar la envoltura suelta.

106. Describa la envoltura líquida de uñas.

_____

_____

107. Explique cómo se aplica. _____

108. Compare la envoltura líquida de uñas con el fortalecedor.

_____

UÑAS ESCULPIDAS

109. Mencione otro nombre para uñas esculpidas. _____

110. Explique cuándo se utilizan las uñas esculpidas. _____

111. Mencione cinco utensilios necesarios para aplicar las uñas esculpidas (además de los necesarios para la manicura).

a. _____   b. _____

c. _____   d. _____

e. _____   f. _____

112. Indique el propósito de limpiar las uñas después de realizar una manicura completa.

_____

113. Especifique qué se utiliza para limar las uñas. _____

114. Especifique qué se utiliza para espolvorear el lecho de la uña. _____

115. Especifique las instrucciones de quién debe seguir al aplicar la primera capa en la superficie de la uña.

_____

116. Explique el propósito de presionar el molde de la uña con el pulgar y el índice.

_____

117. Describa cómo debe quedar el molde debajo del borde libre de la uña. _____

118. Explique cómo formar una bola lisa de material acrílico.

_____

119. Especifique dónde debe colocar la bola de material acrílico. _____

120. Describa cómo formar la nueva punta acrílica.

_____

121. Especifique qué no debe tocar mientras está formando la uña. _____

122. Describa cómo hacer una mezcla acrílica muy húmeda. _____

123. Especifique cuándo debe quitar los moldes de las uñas. _____

124. Explique el propósito de pulir las uñas. _____

125. Identifique qué tipo de producto se necesita para remover las uñas esculpidas.

_____

126. Explique la manera correcta de remover las uñas esculpidas.

_____

127. Describa cómo no debe remover las uñas esculpidas.

_____

128. Identifique el tipo de producto necesario para extraer el esmalte de las uñas esculpidas.

_____

129. Describa cómo quitar el material suelto del lecho de la uña.

_____

130. Especifique dónde debe colocar el material acrílico. _____

131. Describa cómo combinar el material acrílico con la uña esculpida.

_____

132. Explique qué debe hacer si una uña acrílica está astillada o fisurada.

_____

133. Mencione dos razones para utilizar las capas acrílicas.

a. _____   b. _____

134. Identifique dónde se refuerzan las uñas cuando se utilizan capas acrílicas.

_____

135. Mencione las seis precauciones de seguridad relativas a las uñas esculpidas.

a. _____

b. _____

c. _____

d. _____

e. _____

f. _____

136. Explique qué sucede cuando las uñas esculpidas se levantan, agrietan o crecen y no se atienden inmediatamente.

_____

137. Expliqué qué sucede cuando el hongo se difunde. _____

138. Explique por qué el manicurista no debe tratar estos problemas. _____

139. Identifique quién debe tratar el problema. _____

140. Indique qué significa, generalmente, el cambio de color de la uña natural después de la aplicación de uñas esculpidas. _____

141. Explique cómo se esterilizan las uñas antes de la aplicación del material acrílico.

_____

142. Explique la manera de asegurarse que no se produce ninguna contaminación.

_____

UÑAS QUE SE COLOCAN MEDIANTE PRESIÓN

143. Identifique de qué están elaboradas las uñas que se colocan mediante presión.

a. _____   b. _____

144. Mencione los tres materiales necesarios (además de aquellos utilizados en la manicura) para aplicar las uñas que se colocan mediante presión.

a. _____   b. _____

c. _____

145. Especifique cuánto tiempo antes de aplicar las uñas que se colocan mediante presión debe aplicar una manicura.

_____

146. Explique cómo limar las uñas del cliente. _____

147. Explique el propósito de recortar y limar la uña artificial al final de la cutícula.

_____

148. Describa cómo aplanar las uñas artificiales. _____

149. Describa cómo puede cambiar la forma de las uñas artificiales.

_____

150. Identifique en qué parte de la uña debe aplicar adhesivo—y en qué parte no—debe hacerlo.

_____

151. Identifique en qué parte de la uña artificial debe aplicar adhesivo—y en qué parte no—debe hacerlo.

_____

152. Especifique cuánto tiempo debe dejar secar el adhesivo. _____

153. Identifique qué debe tocar la uña artificial al aplicarla.

_____

154. Especifique el tiempo que debe mantener sujeta la uña artificial a medida que se aplica.

_____

155. Identifique qué debe limpiar de las puntas y de las zonas situadas alrededor de las uñas. _____

156. Indique el tipo de quitaesmalte que debe utilizar en las uñas artificiales de plástico.

_____

157. Explique lo que sucede si se utiliza un quitaesmalte con acetona en uñas artificiales de plástico.

_____

158. Explique qué tipo de uñas no se dañan con un quitaesmalte con acetona.

_____

159. Describa cómo extraer las uñas que se colocan mediante presión.

_____

160. Explique por qué no debe tirar o torcer la uña artificial para extraerla.

_____

161. Mencione dos razones para utilizar el disolvente de adhesivo.

   a. _____

   b. _____

162. Describa cómo cuidar las uñas que se colocan mediante presión después de extraérselas al cliente.

_____

163. Mencione cinco recordatorios y consejos sobre las uñas artificiales que se colocan mediante presión.

   a. _____

   b. _____

   c. _____

   d. _____

   e. _____

UÑAS SUMERGIDAS

164. Defina uñas sumergidas

_____

165. Indique dónde se aplica la goma para adherir las uñas sumergidas. _____

166. Indique dónde se sumerge la uña. _____

167. Explique qué se hace a la uña cuando el material acrílico se seca.

_____

168. Identifique qué tipo de producto se necesita para extraer las uñas sumergidas.

_____

COLOCACIÓN DE PUNTAS DE UÑAS

169. Especifique la manicura que debe hacer antes de aplicar las puntas de uñas.

_____

170. Identifique la parte de la uña que debe limar. _____

171. Especifique qué debe limar para que la forma se ajuste al borde libre de la uña. _____

172. Especifique la cantidad de goma necesaria para aplicarla. _____

173. Indique la parte de la uña en la que debe aplicar la goma. _____

174. Indique la parte de la uña que debe pulir.

_____

175. Describa qué debe hacer con el polvo resultante. _____

176. Indique dónde debe aplicar adhesivo de uña. _____

177. Explique qué sucede cuando la goma se coloca sobre el polvo de la uña.

_____

178. Explique el propósito de limar los lados de la uña. _____

179. Describa cómo extraer las puntas de uñas.

_____

_____

PEDICURA

180. Defina pedicura _____

181. Mencione dos beneficios de un buen cuidado de los pies.

a. _____   b. _____

182. Mencione tres condiciones anómalas de los pies que conviene que trate el podólogo.

a. _____   b. _____

c. _____

183. Mencione otra denominación de la tiña del pie. _____

184. Defina tiña del pie.

_____

185. Indique quién debe tratar al cliente que padezca tiña del pie.

_____

EQUIPO, UTENSILIOS Y MATERIALES

186. Mencione el equipo, los utensilios y los materiales (además de los que se utilizan para realizar una manicura) necesarios para la pedicura.

a. _____   b. _____

c. _____   d. _____

e. _____   f. _____

g. _____   h. _____

i. _____   j. _____

k. _____

PREPARACIÓN

187. Mencione los siete pasos necesarios para la preparación de una pedicura.

a. _____

b. _____

c. _____

d. _____

e. _____

f. _____

g. _____

PROCEDIMIENTO

188. Describa cómo limar las uñas de los pies.

_____

189. Indique cómo evitar encarnaciones. _____

190. Mencione dos zonas en las que debe aplicar solvente para cutícula.

a. _____   b. _____

191. Mencione el utensilio necesario para soltar la cutícula. _____

192. Especifique qué se utiliza para mantener la cutícula húmeda. _____

193. Mencione dos cosas que debe evitar cuando empuja la cutícula.

a. _____   b. _____

194. Mencione qué parte de la cutícula debe cortar. _____

195. Indique el tipo de producto que se utiliza para masajear los dedos. _____

196. Describa la condición del agua que se utiliza para limpiar los pies. _____

MASAJE DE LOS PIES

197. Mencione los diez pasos necesarios para aplicar masajes a los pies.

    a. _____

    b. _____

      _____

    c. _____

    d. _____

    e. _____

    f. _____

    g. _____

    h. _____

      _____

    i. _____

      _____

    j. _____

FINALIZACIÓN

198. Mencione los seis pasos necesarios para completar la pedicura.

    a. _____

    b. _____

    c. _____

    d. _____

    e. _____

    f. _____

MASAJE DE LA PIERNA

199. Mencione dos zonas donde no debe aplicar masajes cuando lo hace desde el tobillo hasta la rodilla.

a. _____   b. _____

200. Indique en qué lugar debe aplicar presión en el tejido muscular. _____

REVISIÓN DE VOCABULARIO

acrílico	esculpidas	podiatra
adhesivo	fortalecer	polvo de piedra pómez
alumbre en polvo	manicura	primera capa
callos	manicura con aceite	relleno
capas	manicura eléctrica	sin acetona
cutícula	masaje	solvente
desinfectante	padrastro	tibia
envoltura de la uña	pedicura	tiña

PRUEBA DE CONCORDANCIA

Coloque el término o la frase correctos delante de cada definición.

colocación de puntas de uñas	manicura de cabina	uñas construidas
	manicura eléctrica	uñas que se colocan
envoltura de las uñas	mediante presión.	uñas sumergidas
manicura	pedicura	
manicura con aceite		

1._____ proceso para extender la uña natural artificialmente

2._____ manicura beneficiosa para las uñas agrietadas y quebradizas y para las cutículas secas.

3._____ el cuidado de los pies, dedos de los pies y uñas de los pies

4._____ puntas de uñas artificiales que se rocían con un adhesivo y después se colocan con goma en los extremos de las uñas naturales

5._____ manicura que se realiza mediante un dispositivo portátil accionado por un pequeño motor

6._____ otro nombre para uñas esculpidas

7._____ el cuidado de las manos y de las uñas

8._____ uñas artificiales que pueden volverse a utilizar y que conviene aplicar

9._____ manicura que no se realiza en la mesa de manicura

10. _____ proceso que se utiliza para restaurar las uñas rotas y para fortificar las uñas débiles

PRUEBA DE REVISIÓN RÁPIDA

Coloque la palabra en el espacio libre de cada una de las oraciones.

a otro	inflamables	plástico
base	instrucciones	polvo
callos	lápiz	presión
contaminación	manicura	punta
cutícula	manos	punta de los dedos
esmalte	más fuerte	sangre
esquinas	más largo	seca
fricción	masaje de manos	segmento
hongo	nilon	suaves
húmeda	plana	ventilada

1. Para obtener un efecto más natural, la forma de la uña se debe adaptar a la de la _____.

2. No debe usarse un _____estíptico para detener una hemorragia.

3. El cambio de color de la uña natural después de la aplicación de uñas esculpidas significa generalmente que el _____está atrapado bajo el metal acrílico.

4. Mientras se suelta la cutícula, se la debe mantener _____ .

5. La mayoría de los adhesivos de uñas artificiales son _____.

6. La acción de pulir las uñas incrementa la circulación de la _____hacia la punta de los dedos.

7. Las uñas presentarán un aspecto _____y

_____si se permite que crezcan lateralmente.

8. Antes de un _____se coloca una pizca de loción en las manos del cliente.

9. Cuando se corta la cutícula, el manicurista debe tener cuidado para extraerla en un solo _____.

10. El quita esmalte con contenido de acetona dañará las uñas artificiales de _____.

11. Las uñas de los pies deben limarse de un lado _____redondeándolas ligeramente en las esquinas.

12. Los manicuristas que trabajan con uñas artificiales deben asegurarse que el área de trabajo esté bien

_____.

13. Al empujar la cutícula, es necesario evitar ejercer demasiada _____en la base de la uña.

14. Tocar las uñas después de la aplicación de la primera capa puede producir _____.

15. Los manicuristas y los pedicuristas deben evitar limar demasiado profundamente en las_____ de las uñas.

16. El esmalte anterior se quita presionando un algodón humedecido con quitaesmalte sobre la uña durante unos momentos, y luego arrastrándolo desde la_____de la uña a la

    _____.

17. Al pulir las uñas, debe evitarse una_____excesiva.

18. Mientras se suelta la cutícula, el empujador se utiliza en una posición _____.

19. El quitaesmalte con contenido de acetona no dañará las uñas artificiales hechas de _____.

20. Los manicuristas deben lavarse las _____ antes de comenzar una manicura.

21. El borde de piel suelta alrededor de la uña después de una manicura es consecuencia de un recorte de

    _____excesivo.

22. Los masajes de manos las mantienen flexibles, bien arregladas y _____.

23. Debe seguir cuidadosamente las _____ del fabricante cuando utiliza productos y equipos de manicura.

24. El crecimiento de los _____ en la punta de los dedos se puede suavizar eliminando la presión constante que lo provoca.

25. El _____ líquido debe mantenerse poco denso para que pueda fluir libremente.

PRUEBA DE OPCIÓN MÚLTIPLE

Lea con detenimiento cada oración, luego escriba en el espacio libre de la derecha la letra que representa correctamente, la palabra o frase que completa la expresión.

1. Durante la manicura, los utensilios metálicos y los palillos de naranjo se colocan:

   a) sobre la mesa de manicura　　　　b) en el cajón de la mesa
   c) sobre una toalla limpia　　　　　d) en los bolsillos del manicurista　　_____

2. La forma de uña que se considera ideal es la:

   a) ovalada　　　　　　　　　　　b) cuadrada o rectangular
   c) delgada y cónica (afilada)　　　d) redonda　　　　　　　_____

3. La mayoría de los fabricantes recomiendan que las uñas artificiales que se colocan mediante presión no se deben utilizar durante más de:

   a) 2 semanas　　　　　　　　　　b) 4 semanas
   c) 6 semanas　　　　　　　　　　d) 8 semanas　　　　　_____

4. La mayoría de las primeras capas poseen ingredientes que:

   a) dan color a la uña　　　　　　b) fortalecen la uña
   c) suavizan la uña　　　　　　　d) esterilizan la uña　　　_____

5. Los clientes con tiña del pie se deben enviar a:

   a) un pedicurista

   c) un cosmetólogo

   b) un manicurista

   d) un médico

   _____

6. Las manchas de las uñas se pueden aclarar con:

   a) un aclarador de cabello

   c) un aclarador doméstico

   b) un aclarador de uñas

   d) un aclarador para la ropa

   _____

7. No se debe trabajar en una uña cuando la piel circundante está:

   a) suave

   c) bien cuidada

   b) áspera

   d) inflamada o infectada

   _____

8. La parte superior de los frascos de esmalte de uña se limpian con:

   a) aceite para cutícula

   c) quitaesmalte

   b) removedor de cutícula

   d) polvo de piedra pomez

   _____

9. Para extraer las uñas artificiales no debe:

   a) aplicar quitaesmalte

   c) tirar o torcer la uña

   b) aplicar disolvente de adhesivo

   d) humectar la piel después

   _____

10. Para evitar que se partan, debe limar las uñas:

    a) de la esquina hacia el centro

    c) de esquina a esquina

    b) desde el centro hasta la esquina

    d) para adelante y para atrás a través de la uña

    _____

11. Durante un masaje de la pierna, la presión se aplica:

    a) en el tejido muscular

    c) en la tibia

    b) en la rodilla

    d) en el tobillo

    _____

12. Antes de aplicar uñas artificiales, la superficie de las uñas naturales se pone áspera con:

    a) adhesivo

    c) un empujador de cutícula

    b) material acrílico

    d) una lima de esmeril

    _____

13. Dos de las formas de uñas preferidas por los hombres son:

    a) ovaladas y redondas

    c) redondas y cuadradas

    b) ovaladas y afiladas

    d) cuadradas y afiladas

    _____

14. El producto similar a un fortalecedor de uñas, más consistente y con más fibra que éste se denomina:

    a) esmalte líquido de uñas

    c) capa base líquida

    b) envoltura líquida de uñas

    d) capa superior líquida

    _____

15. Para impedir una sensación de quemazón o de calor, debe separar el pulidor de la uña después de:

    a) cada pasada

    c) tres pasadas

    b) dos pasadas

    d) cuatro pasadas

    _____

16. La mesa de manicura se limpia con desinfectante:

    a) sólo antes de la manicura

    c) antes y después de la manicura

    b) sólo después de la manicura

    d) sólo durante de la manicura

    _____

17. Si se produce un corte en la piel del cliente debe administrar:

    a) agua oxigenada al 3%
    c) quitaesmalte
    b) agua oxigenada al 6%
    d) loción para manos
    _____

18. Sumergir las uñas artificiales durante demasiado tiempo las:

    a) endurece
    c) disuelve
    b) reblandece
    d) fortalece
    _____

19. El implemento que se utiliza para limpiar el borde libre es:

    a) el extremo afilado de la lima
    b) el extremo afilado del empujador de cutícula
    c) un palillo de naranjo con punta de algodón
    d) cualquier elemento afilado y filoso.
    _____

20. El hongo atrapado bajo una uña esculpida:

    a) no es contagioso
    c) no es asunto del manicurista
    b) es muy contagioso
    d) no debe enviarse al médico
    _____

21. Los masajes en la mano y en el brazo se extienden hasta e incluyen:

    a) el codo
    c) la axila
    b) el antebrazo
    d) el hombro
    _____

22. Los bordes del tejido de restauración deben ser:

    a) embotados
    c) cuadrados
    b) derechos
    d) de cuero
    _____

23. Antes de aplicar la base, todas las trazas de aceite se extraen con:

    a) solvente para cutícula
    c) quitaesmalte
    b) loción para manos
    d) astringente
    _____

24. El tipo de uñas que se aplica sobre un molde se denomina:

    a) envoltura de las uñas
    c) uñas sumergidas
    b) uñas esculpidas
    d) uñas que se colocan mediante presión
    _____

25. La manicura del hombre difiere de la manicura de la mujer en que la del hombre es, en general, :

    a) más conservadora
    c) más cara
    b) menos conservadora
    d) más complicada
    _____

26. Al sostener o mover envases, las manos del manicurista deben estar:

    a) grasosas
    c) húmedas
    b) mojadas
    d) secas
    _____

27. La uña más apropiada para la mano delicada y delgada es la:

    a) ovalada
    c) delgada y cónica (afilada)
    b) cuadrada o rectangular
    d) redonda
    _____

28. La persona que se debe ocupar de las condiciones anómalas de los pies, tales como callos, callosidades y encarnaciones es el:

    a) pedicurista
    c) cosmetólogo
    b) manicurista
    d) podólogo
    _____

29. La envoltura de la uña que proporciona una apariencia suave y homogénea se realiza con:

    a) seda

    c) tejido de restauración

    b) lino

    d) fibra acrílica

    _____

30. Los materiales de desecho se dejan en:

    a) el piso

    c) el cajón de la mesa de manicura

    b) una bolsa de plástico

    d) los bolsillos del manicurista

    _____

Véase también *Milady's. Libro de ejercicios teóricos.*

17

LA UÑA Y SUS TRASTORNOS

Véase *Milady's. Libro de ejercicios teóricos.*

18

TEORÍA DEL MASAJE

Véase *Milady's. Libro de ejercicios teóricos.*

19

TRATAMIENTOS FACIALES

Fecha _____

Calificación _____

Texto de las páginas 475-496

Aspecto a considerar

"No esperes que llegue tu barco. Nada hacia él". – Anónimo

INTRODUCCIÓN

1. Identifique el servicio que se encuentra entre los más agradables y relajantes para el cliente del salón de belleza

_____

TRATAMIENTOS FACIALES

2. Mencione dos razones por las que el cosmetólogo debe reconocer los diferentes trastornos de la piel.

a. _____   b. _____

3. Mencione las dos categorías de los tratamientos faciales.

a. _____

b. _____

4. Describa masajes de mantenimiento.

_____

_____

_____

5. Describa masajes correctivos.

_____

_____

6. Mencione diez beneficios de los tratamientos faciales.

a. _____

b. _____

c. _____

d. _____

e. _____

f. _____

g. _____

h. _____

i. _____

j. _____

PREPARACIÓN DEL MASAJE FACIAL

7. Describa cómo hacer que el cliente se relaje. _____

8. Describa cómo debe trabajar el cosmetólogo a fin de proveer una atmósfera tranquila.

_____

9. Describa las condiciones del área de trabajo.

_____

10. Identifique qué debe usar—y qué no debe usar—para sacar los productos de los envases.

_____

11. Especifique qué debe hacer si tiene las manos frías antes de tocar la cara del cliente. _____

12. Describa cómo evitar arañar la piel del cliente. _____

EQUIPO, UTENSILIOS Y MATERIALES

13. Mencione los productos necesarios para realizar un tratamiento facial.

a. _____   b. _____

c. _____   d. _____

e. _____   f. _____

g. _____   h. _____

i. _____   j. _____

k. _____   l. _____

m. _____   n. _____

o. _____   p. _____

q. _____   r. _____

s. _____   t. _____

u. _____   v. _____

w. _____   x. _____

y. _____

PROCEDIMIENTO

14. Explique el propósito de saludar al cliente y de formular algún cumplido.

_____

15. Mencione lo que debe quitarse el cliente y usted debe guardar en un lugar seguro.

_____

16. Explique la razón de colocar una toalla limpia transversalmente en el respaldo de la silla de tratamientos faciales.

_____

17. Describa cómo cubrir al cliente con la toalla y la manta.

_____

18. Explique por qué debe cubrir la cabeza del cliente con una cinta o una toalla antes del tratamiento.

_____

19. Describa dos tipos de cubiertas de cabezas que existen en el mercado.

a. _____

b. _____

20. Describa cómo doblar la toalla que se utiliza para envolver la cabeza.

_____

21. Describa cómo colocar la toalla sobre el respaldo. _____

22. Describa dónde debe descansar la parte posterior de la cabeza del cliente cuando está reclinado.

_____

23. Mencione tres cosas que debe verificar antes de ajustar la toalla con un pasador.

   a. _____

   b. _____

   c. _____

24. Especifique la posición en que debe estar la silla facial después de bajarla. _____

25. Especifique qué debe lavarse el cosmetólogo antes de comenzar el tratamiento. _____

26. Mencione seis determinaciones que se toman al analizar la piel.

   a. _____

   b. _____

   c. _____

   d. _____

   e. _____

   f. _____

27. Mencione cinco cosas que se determinarán al analizar la piel.

   a. _____

   b. _____

   c. _____

   d. _____

   e. _____

28. Identifique la cantidad de crema o loción limpiadora que debe extraer del envase.

_____

29. Explique cómo suavizar la crema o la loción. _____

30. Describa cómo eliminar el maquillaje intenso de ojos o de labios.

_____

31. Describa dos maneras para repartir el producto de limpieza en las diferentes partes del cuello y de la cara.

   a. _____

   b. _____

32. Describa los movimientos necesarios para aplicar el producto de limpieza en el cuello, pecho y espalda.

_____

33. Mencione cuatro materiales que puede utilizar para quitar la crema o loción limpiadora.

   a. _____   b. _____

   c. _____   d. _____

34. Identifique las áreas en que debe empezar y en que debe finalizar de quitar el producto de limpieza.

_____

35. Identifique qué puede hacer con las cejas después de quitar el producto de limpieza.

_____

36. Mencione dos maneras de vaporizar la cara.

   a. _____   b. _____

37. Explique el propósito de vaporizar la cara.

_____

38. Mencione dos beneficios de vaporizar la cara.

   a. _____

   b. _____

39. Describa el tipo de crema de masaje que debe aplicar.

_____

40. Describa cómo aplicar la crema de masaje. _____

41. Identifique dos áreas donde aplicar crema o aceite lubricante (en caso de que sea necesario).

   a. _____   b. _____

42. Describa qué se utiliza para cubrir los ojos del cliente durante los masajes faciales.

_____

43. Especifique cuándo debe exponer la cara del cliente a los rayos infrarrojos. _____

44. Describa qué se utiliza para cubrir los ojos del cliente durante la exposición a los rayos infrarrojos.

_____

45. Identifique la distancia a la que debe estar la lámpara de la cara. _____

46. Identifique el período de tiempo en que la cara debe estar expuesta a los rayos infrarrojos. _____

47. Describa cómo quitar la crema de masaje. _____

48. Explique cómo aplicar astringente o loción refrescante.

    _____

49. Identifique el tipo de mascarilla de tratamiento que debe usar con el cliente.

    _____

50. Identifique el período de tiempo que debe dejar la mascarilla en la cara. _____

51. Describa cómo retirar la mascarilla. _____

52. Mencione los dos productos que se aplican después de retirar la mascarilla.

    a. _____   b. _____

53. Mencione los cinco pasos necesarios para finalizar el tratamiento facial.

    a. _____

    b. _____

    _____

    c. _____

    d. _____

    e. _____

MASAJES FACIALES

54. Identifique qué induce a la relajación cuando está realizando masajes faciales.

    _____

55. Describa cómo apartar y cómo colocar las manos una vez iniciado el masaje.

    _____

56. Explique cómo evitar dañar los tejidos musculares.

    _____

57. Clasifique las ilustraciones que siguen con las denominaciones correctas de los movimientos de masaje.

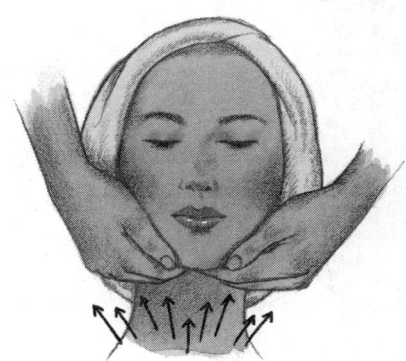

1. _____

_____

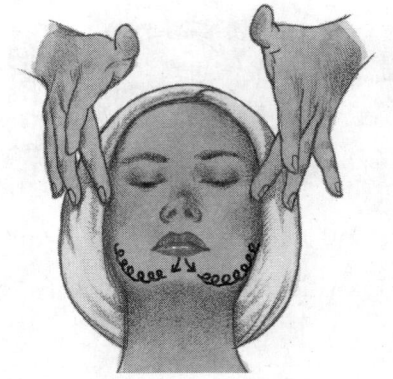

2. _____

_____

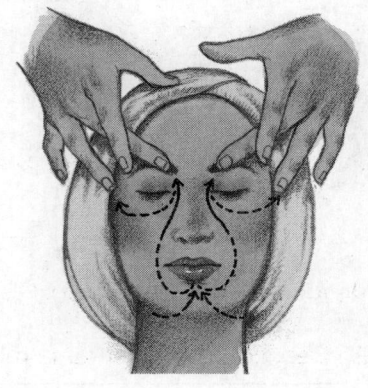

3. _____

_____

4. _____

_____

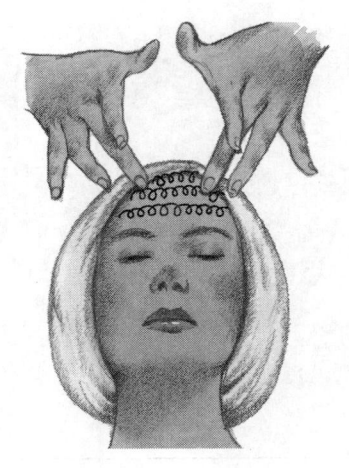

5. _____

_____

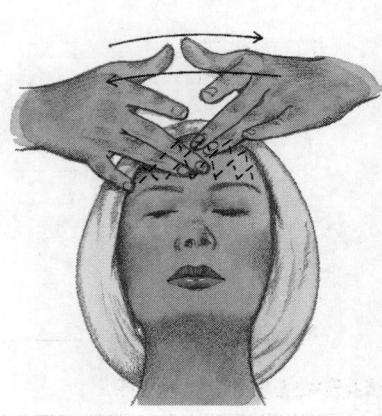

6. _____

_____

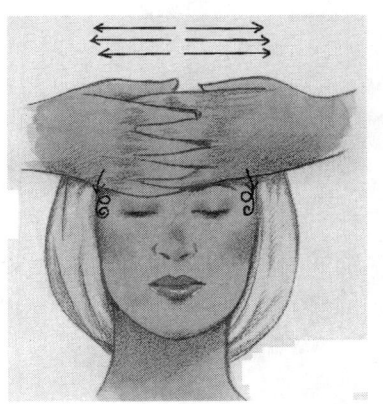

7. _____

_____

8. _____

_____

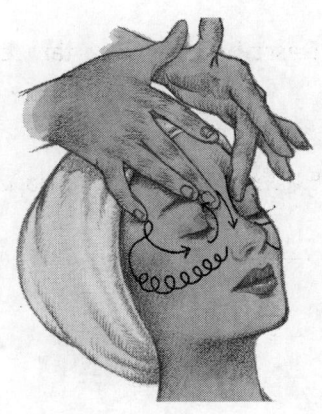

9. _____

_____

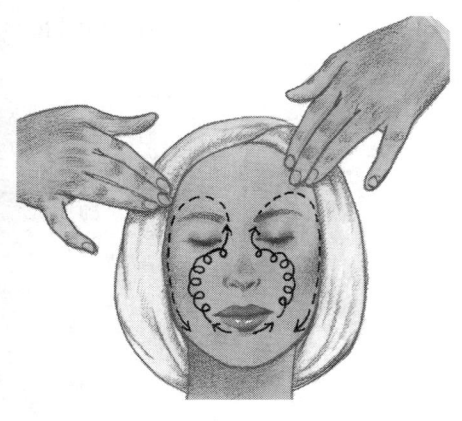

10. _____
_____

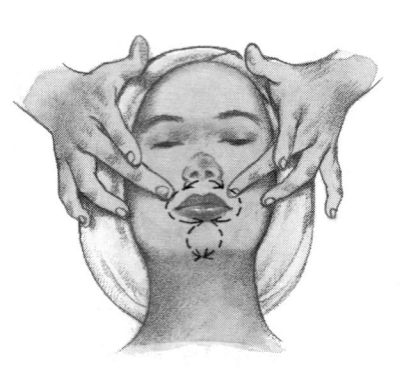

11. _____
_____

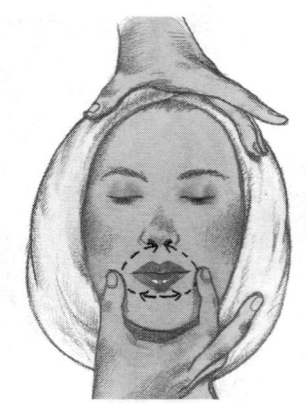

12. _____
_____

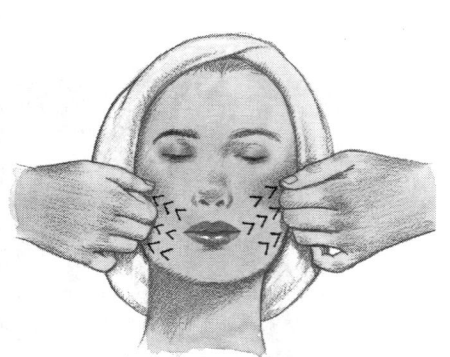

13. _____
_____

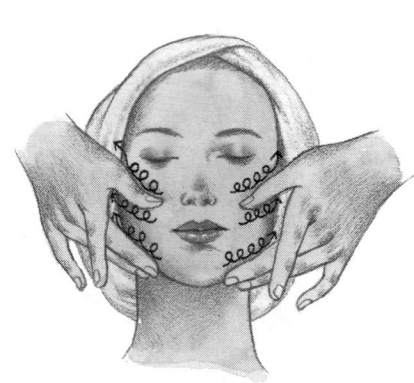

14. _____
_____

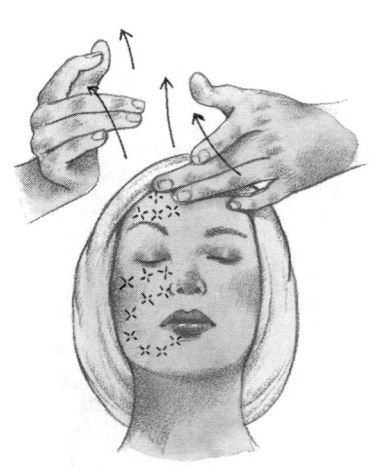

15. _____
_____

16. _____
_____

17. _____
_____

18. _____
_____

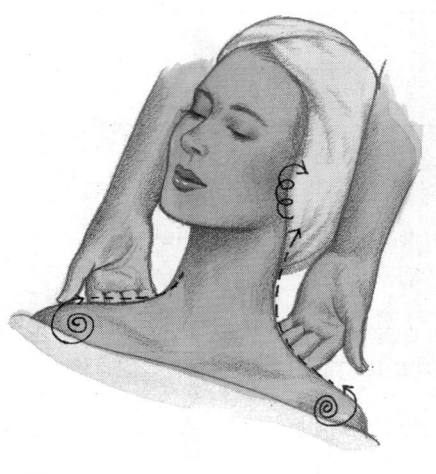 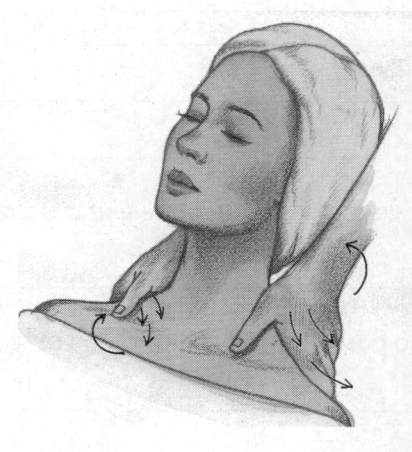

19. _____   20. _____

_____   _____

TRATAMIENTO FACIAL PARA PIEL SECA

58. Identifique la causa de la piel seca.

_____

59. Explique el propósito del tratamiento facial para piel seca.

_____

60. Explique por qué se recomienda el empleo de la corriente eléctrica.

_____

61. Mencione los 14 pasos del procedimiento con rayos infrarrojos.

a. _____

b. _____

c. _____

d. _____

e. _____

f. _____

g. _____

_____

h. _____

i. _____

j. _____

k. _____

l. _____

m. _____

n. _____

62. Identifique el tipo de lociones que debe evitar utilizar para los casos de piel seca.

_____

63. Mencione los cinco pasos del procedimiento con corriente galvánica.

a. _____

b. _____

c. _____

d. _____

e. _____

64. Mencione los cinco pasos del procedimiento para el tratamiento facial para piel seca utilizando corriente de alta frecuencia indirecta.

a. _____

b. _____

_____

c. _____

d. _____

e. _____

TRATAMIENTO FACIAL PARA LA PIEL GRASA Y LAS ESPINILLAS

65. Describa la causa de la piel grasa y/o las espinillas (comedones).

_____

66. Explique qué puede hacer el cliente para minimizar la piel grasa y las espinillas.

_____

67. Mencione los quince pasos del procedimiento para el tratamiento de la piel grasa.

a. _____

b. _____

_____

c. _____

_____

d _____

_____

e. _____

_____

f. _____

g. _____

h. _____

i. _____

j. _____

k. _____

l. _____

_____

m. _____

n. _____

o. _____

ESPINILLAS BLANCAS (MILIA)

68. Describa el origen de la milia o espinillas blancas.

_____

69. Explique por qué aparecen generalmente en pieles de textura fina.

_____

70. Identifique bajo la supervisión de qué profesional debe tratarse este problema.

_____

TRATAMIENTO FACIAL PARA EL ACNÉ

71. Describa acné. _____

72. Describa el papel que debe desempeñar el cosmetólogo cuando el cliente está bajo tratamiento médico.

_____

73. Mencione cuatro medidas a las que los cosmetólogos están limitados cuando los clientes están bajo dirección médica por el acné.

a. _____

b. _____

c. _____

d. _____

74. Mencione el equipo, los utensilios y los materiales necesarios para un tratamiento facial para el acné.

a. _____   b. _____

c. _____   d. _____

e. _____   f. _____

g. _____

75. Explique por qué se recomienda utilizar guantes de goma o látex y materiales desechables cuando se trata una piel con acné.

_____

76. Mencione los catorce pasos del procedimiento para el tratamiento facial para el acné.

a. _____

b. _____

c. _____

d. _____

e. _____

_____

f. _____

g. _____

h. _____

i. _____

_____

_____

j. _____

_____

k. _____

l. _____

m. _____

_____

n. _____

DIETA PARA EL ACNÉ

77. Mencione dos causas probables del acné.

a. _____   b. _____

78. Mencione dos cosas que pueden empeorar el acné.

a. _____   b. _____

79. Mencione tres tipos de comidas que tienden a empeorar la situación.

a. _____   b. _____

c. _____

80. Mencione tres recomendaciones para el acné.

a. _____

b. _____

c. _____

PACKS y MASCARILLAS

81. Mencione las diferencias, si las hubiera, entre packs y mascarillas.

_____

_____

82. Mencione dos tipos de piel para los que se recomiendan los tratamientos faciales con packs.

a. _____   b. _____

83. Describa cómo se aplican los packs generalmente. _____

84. Mencione los tipos de piel para los que se recomiendan.

_____

85. Describa cómo se aplican las mascarillas generalmente.

_____

86. Explique por qué con frecuencia se utiliza gasa con las mascarillas.

_____

MASCARILLAS HECHAS A MEDIDA

87. Explique cuándo no debe usar una mascarilla hecha a medida con un cliente.

_____

88. Identifique el período de tiempo que debe dejar una mascarilla hecha a medida en la cara.

_____

89. Mencione dos beneficios de una mascarilla de fresa fresca.

   a. _____   b. _____

90. Identifique el tipo de piel para la que se recomienda la mascarilla de plátano.

_____

91. Mencione dos cualidades de los tomates, manzanas y pepinos.

   a. _____   b. _____

92. Mencione dos efectos de utilizar la clara de huevo como mascarilla.

   1. _____

   2. _____

93. Identifique el efecto de utilizar yogurt o suero de leche como mascarilla.

_____

94. Mencione tres efectos de utilizar miel como mascarilla.

   a. _____   b. _____

   c. _____

95. Describa gasa.

_____

96. Explique por qué se utiliza gasa con las mascarillas.

_____

97. Describa el tipo de ingredientes que se aplican sobre una capa de gasa.

_____

98. Explique qué hace la gasa.

_____

_____

99. Especifique la medida de gasa que se necesita.

_____

100. Explique por qué debe cortar espacios para los ojos, nariz y boca.

_____

101. Describa cómo se aplican los ingredientes de la mascarilla.

_____

102. Describa cómo retirar la mascarilla. _____

103. Identifique los equipos, utensilios y materiales necesarios para mascarillas hechas a medida.

_____

104. Describa las almohadillas de algodón que se utilizan para proteger los ojos del cliente.

_____

105. Especifique hasta qué parte del tratamiento facial debe llegar antes de aplicar la mascarilla.

_____

106. Mencione cuatro lugares en los que debe evitar aplicar la mascarilla.

    a. _____   b. _____

    c. _____   d. _____

107. Especifique el tiempo que debe dejar que la mascarilla permanezca en la piel.

_____

108. Especifique cómo finalizar la limpieza de la piel. _____

109. Identifique dos productos que debe aplicar después de limpiar la piel.

    a. _____

    b. _____

110. Mencione el paso final del procedimiento para las mascarillas hechas a medida.

    _____

TRATAMIENTO FACIAL CON MASCARILLA DE ACEITE CALIENTE

111. Mencione dos tipos de piel para los que se recomienda una mascarilla de aceite caliente.

    a. _____   b. _____

112. Describa cómo aplicar la mascarilla en la piel.

    _____

113. Mencione cuatro artículos (además de los necesarios para un tratamiento facial normal) necesarios para un tratamiento facial con mascarilla de aceite caliente.

    a. _____   b. _____

    c. _____   d. _____

114. Especifique hasta qué parte del tratamiento facial debe llegar antes de aplicar la mascarilla.

    _____

115. Identifique el tipo de producto que se utiliza para humedecer las almohadillas para los ojos.

    _____

116. Mencione lo que se utiliza para humedecer la mascarilla facial de gasa. _____

117. Especifique dónde debe colocar la mascarilla de gasa. _____

118. Especifique la distancia a la que debe colocar la lámpara de infrarrojos de la cara del cliente. _____

119. Identifique el tiempo que debe dejar al cliente descansar debajo de la lámpara. _____

120. Mencione los siete pasos necesarios para completar el procedimiento después de que el cliente descansó debajo de la lámpara.

    a. _____

    b. _____

    c. _____

    d. _____

e. _____

f. _____

g. _____

RAZONES POR LAS QUE UN CLIENTE PUEDE NO QUEDAR SATISFECHO CON UN TRATAMIENTO FACIAL

121. Un cliente puede no quedar satisfecho con un tratamiento facial si usted:

a. _____

b. _____

c. _____

d. _____

e. _____

_____

f. _____

g. _____

h. _____

i. _____

j. _____

k. _____

l. _____

m. _____

_____

n. _____

REVISIÓN DE VOCABULARIO

aceite caliente	galvánica	milia
acné	gasa	origen
alérgico	humectante	pack
alta frecuencia	infecciosa	ritmo
astringente	infrarrojos	sebáceas
comedone	manipulaciones	sebo
correctivo	mantenimiento	tratamiento facial
dermatólogo	masajes	
espátula	mascarilla	

PRUEBA DE CONCORDANCIA

Coloque el término o la frase correctos delante de cada definición.

acné

comedone

mascarilla de aceite caliente

mascarilla facial

mascarilla hecha a medida

milia facial

piel grasa

piel seca

tratamiento correctivo

tratamiento facial con pack

tratamiento facial de mantenimiento

1. _____ tratamiento facial recomendado para pieles normales y grasas que, en general, se aplica directamente sobre la piel.

2. _____ denominación técnica de las espinillas

3. _____ tratamiento facial cuyo objetivo es mantener la salud de la piel facial

4. _____ problema de la piel causado por el flujo insuficiente de sebo procedente de las glándulas sebáceas

5. _____ tratamiento facial recomendado para la piel seca que se aplica sobre la piel con la ayuda de capas de gasa

6. _____ denominación técnica de las espinillas blancas

7. _____ tratamiento facial para cuyo objetivo es corregir algunas condiciones de la piel facial

8. _____ trastorno de las glándulas sebáceas que requiere atención médica

9. _____ tratamiento facial recomendable para las pieles secas, escamosas o con tendencia a arrugarse

10. _____ Mascarilla preparada con frutas frescas, vegetales, leche, yogurt o huevos.

PRUEBA DE REVISIÓN RÁPIDA

Coloque la palabra en el espacio libre de cada una de las oraciones.

acné

alérgico

análisis

astringente

cabello

circulación

debajo

enfermedades

fina

grueso

inserción

joyas

maquillaje

médico

nervios

origen

seca

sobre

1. Para evitar dañar los tejidos musculares, los movimientos de masaje, en general, están dirigidos hacia el _____ del músculo.

2. El _____ de piel determinará las zonas de la cara que necesitan una atención especial.

3. Cuando se trata una piel con acné, los cosmetólogos debe trabajar estrechamente con el _____ del cliente.

4. Generalmente, las mascarillas hechas a medida son beneficiosas, a no ser que el cliente sea _____ a alguna sustancia en particular.

5. La presencia de acné o de espinillas es más evidente después de eliminar el _____.

6. Para obtener mejores resultados, se recomienda el empleo de corriente eléctrica para la piel _____.

7. Los tratamientos faciales son beneficiosos para relajar los_____.

8. La milia generalmente aparece en pieles de textura _____.

9. El _____ del cliente se protege con una cinta para la cabeza, una toalla y otra cubierta de cabeza.

10. Las almohadillas de algodón se humedecen con un _____suave.

11. El _____puede empeorarse por comer alimentos con un alto contenido en grasas, almidones y azúcares.

12. Los ingredientes de la mascarilla se aplican _____la gasa.

13. El cosmetólogo no trata las cutáneas _____.

14. Antes de comenzar el tratamiento facial, el cliente debe quitarse las _____.

15. Los tratamientos faciales son apropiados para incrementar la _____.

PRUEBA DE OPCIÓN MÚLTIPLE

Lea con detenimiento cada oración, luego escriba en el espacio libre de la derecha la letra que representa correctamente, la palabra o frase que completa la expresión.

1. Los masajes faciales que inducen a la relajación deben aplicarse con:
   a) un ritmo acelerado
   b) un ritmo espasmódico
   c) un ritmo uniforme
   d) un ritmo no uniforme _____

2. Las frutas o los vegetales triturados o cortados en rodajas se mantienen en la cara con:
   a) una bolsa de plástico
   b) gasa
   c) una toalla
   d) un cobertor _____

3. Los cosmetólogos debe reconocer los diferentes trastornos de la piel para aconsejar a los clientes que consulten:
   a) otro cosmetólogo
   b) otro salón de belleza
   c) cosméticos de otro fabricante
   d) a un médico _____

4. La zona de trabajo debe estar:
   a) ruidosa
   b) fría
   c) limpia
   d) pintada de colores brillantes _____

5. Los productos se sacan de los envases con:

a) peines   b) espátulas

c) los dedos del cosmetólogo   d) los dedos del cliente   _____

6. Algunos ingredientes como la harina de avena se pueden mezclar para formar una pasta con:

a) alcohol   b) astringente

c) agua oxigenada   d) leche   _____

7. La primera crema que se utiliza en un tratamiento facial regular es:

a) la crema de masaje   b) la crema limpiadora

c) la crema emoliente   d) la crema hidratante   _____

8. Los comedones se originan por una masa endurecida que se forma en los conductos de las:

a) glándulas sebáceas   b) glándulas sudoríferas

c) glándulas tiroides   d) glándulas linfáticas   _____

9. Los cosmetólogos pueden ayudar al cliente a relajarse:

a) silbando   b) hablando suavemente

c) hablando constantemente   d) poniendo música a todo volumen   _____

10. El análisis de la piel ayuda a determinar si es necesario aplicar crema o aceite lubricante alrededor de:

a) la línea del cabello   b) las orejas

c) los ojos   d) las fosas nasales   _____

11. Para los casos de piel seca, se deben evitar las lociones que contengan un porcentaje importante de:

a) plátano   b) agua

c) aceite   d) alcohol   _____

12. Después de cubrir al cliente y antes de analizar la piel, el cosmetólogo debe lavar:

a) sus manos   b) la mesa de trabajo

c) la silla de tratamiento facial   d) las toallas sucias   _____

13. La cantidad de crema limpiadora que debe aplicar en la cara es:

a) una cuharadilla   b) dos cucharadillas

c) una cucharada   d) dos cucharadas   _____

14. El acné puede verse agravado por:

a) un exceso de agua   b) la tensión nerviosa

c) el mal tiempo   d) una dieta bien equilibrada   _____

15. Un cliente puede no quedar satisfecho con un tratamiento facial si el cosmetólogo:

a) es amable   b) tiene buena presentación

c) tiene mal aliento u olor corporal   d) demuestra interés en el cliente   _____

16. Para abrir los poros debe aplicar sobre la piel:

a) toallas frías y húmedas   b) toallas frías y secas

c) toallas tibias y húmedas   d) toallas tibias y secas   _____

17. Los cosmetólogos deben utilizar guantes de goma o látex cuando trabajan con:

    a) piel bronceada

    c) piel seca

    b) piel con acné

    d) piel sensible

    _____

18. La clara de huevo es beneficiosa para:

    a) la piel seca solamente

    c) la piel grasa solamente

    b) la piel normal solamente

    d) todos los tipos de piel

    _____

19. Para prevenir que los hombros desnudos del cliente estén en contacto con el respaldo de la silla de tratamiento facial se la cubre con:

    a) una toalla sucia

    c) la camisa del cliente

    b) una toalla limpia

    d) la bufanda del cliente

    _____

20. Los cosmetólogos pueden evitar arañar la piel del cliente manteniendo las uñas:

    a) ásperas

    c) largas

    b) suaves

    d) pintadas

    _____

20

MAQUILLAJE FACIAL

Fecha _____

Calificación _____

Texto de las páginas 497-532

Aspecto a considerar

"La edad es algo que no es importante, a menos que seas un queso". — Billie Burke

PROCEDIMIENTO DE APLICACIÓN DE UN MAQUILLAJE PROFESIONAL

1. Mencione cinco áreas donde aplicar crema limpiadora.

   a. _____   b. _____

   c. _____   d. _____

   e. _____

2. Describa los movimientos necesarios para distribuir la crema limpiadora en la cara y cuello.

   _____

3. Mencione qué se utiliza para retirar la crema limpiadora.

   _____

4. Identifique el área que necesita especial cuidado. _____

5. Especifique los tipos de lociones que se aplican a las pieles grasas y a las pieles secas.

   Grasa: _____

   Seca: _____

6. Explique cuándo debe aplicar una loción humidificadora. _____

7. Explique cómo seleccionar el color de la base.

   _____

8. Describa cómo aplicar la base.

   _____

   _____

9. Explique cómo quitar el exceso de base.

   _____

10. Describa la manera de dar a la cara un aspecto mate.

    _____

11. Explique el propósito de hacer que el cliente se ría cuando aplica el labial. _____

12. Especifique cuándo debe aplicar el labial. _____

13. Describa cómo minimizar un razgo. _____

14. Describa cómo emfatizar un razgo.

    _____

15. Explique cómo seleccionar el color de ojos. _____

16. Identifique un área de los ojos que puede ser necesario sombrear.

    _____

17. Identifique un área de los ojos que puede ser necesario resaltar.

    _____

18. Explique dos razones para utilizar delineador.

    a. _____

    b. _____

19. Explique cómo seleccionar el color del delineador.

    _____

20. Describa cómo aplicar el delineador.

    _____

    _____

21. Describa los pases necesarios para aplicar el maquillaje de cejas. _____

22. Especifique qué se utiliza para aplicar el maquillaje de cejas. _____

23. Especifique dónde aplicar el rimel.

    _____

24. Describa los pases necesarios para aplicar el rimel. _____

25. Especifique qué se utiliza para separar las pestañas _____

26. Explique cómo extraer el color de labios (barra de labios) del envase. _____

27. Explique cómo puede hacer el cosmetólogo para dar firmeza a la mano.

_____

28. Describa la posición de los labios del cliente mientras se le aplica el color de labios

_____

29. Describa la posición de los labios del cliente que hace posible igualar el color de labios en las hendidas.

_____

30. Mencione dos razones para secar los labios con pañuelo de papel.

   a. _____   b. _____

31. Mencione dos razones por las que no se recomienda empolvar los labios.

   a. _____

   b. _____

TÉCNICAS DE MAQUILLAJE PARA LAS MUJERES DE COLOR

32. Mencione tres pasos que debe seguir antes de aplicar el maquillaje.

   a. _____   b. _____

   c. _____

PROCEDIMIENTO PARA LA APLICACIÓN DE MAQUILLAJES

33. Mencione los nueve pasos de la aplicación de maquillaje para las mujeres de color.

   a. _____

   b. _____

   c. _____

   _____

   d. _____

   e. _____

   _____

   f. _____

   g. _____

   h. _____

   i. _____

RAZGOS FACIALES

34. Mencione tres ligeras imperfecciones de la cara.

    a. _____

    b. _____

    c. _____

35. Explique el motivo del maquillaje facial cuando se le aplica sobre las pequeñas imperfecciones.

    _____

ANÁLISIS DE LOS RAZGOS FACIALES DEL CLIENTE Y DE LA FORMA DE LA CARA

36. Identifique los razgos que es importante resaltar. _____

37. Identifique los razgos que es importante minimizar.

    _____

38. Mencione dos maneras de adquirir habilidad para aplicar el maquillaje.

    a. _____   b. _____

39. Identifique la forma de la cara que se considera ideal.

    _____

40. Especifique qué es necesario mejorar. _____

TÉCNICAS CORRECTORAS DE MAQUILLAJE

41. Describa cómo se miden las tres divisiones de la cara.

    Primer tercio: _____

    Segundo tercio: _____

    Último tercio: _____

42. Describa las proporciones de la cara ovalada ideal.

    _____

43. ¿Cuál es la distancia ideal entre los ojos ? _____

44. Describa la cara redonda.

    _____

    _____

45. Explique el propósito del maquillaje corrector para la cara redonda.

_____

46. Describa la cara con forma cuadrada.

_____

47. Explique el propósito del maquillaje corrector para la cara con forma cuadrada.

_____

48. Describa la cara con forma de pera.

_____

49. Explique el propósito del maquillaje corrector para la cara con forma de pera.

_____

50. Describa la cara en forma de corazón. _____

51. Explique el propósito del maquillaje corrector para la cara en forma de corazón.

_____

52. Describa la cara en forma de diamante.

_____

53. Explique el propósito del maquillaje corrector para la cara en forma de diamante.

_____

54. Describa la cara rectangular.

_____

_____

55. Explique el propósito del maquillaje corrector para la cara rectangular.

_____

_____

CONSEJOS PARA APLICAR EL COLORETE

56. Explique qué se acentúa con el color de la mejilla.

_____

57. Mencione las cuatro reglas generales para la aplicación del colorete.

   a. _____

   _____

   _____

   b. _____

   c. _____

   d. _____

   _____

REGLAMENTOS BÁSICOS PARA APLICAR UN MAQUILLAJE BASE CORRECTOR

58. ¿Cuál es el objetivo primario del maquillaje corrector?

   _____

59. Especifique cómo se pueden acentuar los razgos faciales. _____

60. Especifique cómo se pueden moderar los razgos faciales. _____

61. Especifique cómo se pueden balancear los razgos faciales. _____

62. Una regla básica para la aplicación del maquillaje es:

   _____

63. Explique cómo producir un resaltado.

   _____

64. Explique cómo producir una sombra. _____

65. Describa que hace el empleo de las sombras a los razgos prominentes.

   _____

66. Explique por qué deben mezclarse con cuidado dos sombras como base diferentes.

   _____

67. Explique cómo conseguir la armonía del color.

   _____

68. Mencione tres maneras para determinar los colores más adecuados para cada cliente.

   a. _____

   b. _____

   c. _____

   _____

69. Especifique qué se utiliza para ocultar las líneas de envejecimiento y las arrugas provocadas por la piel seca.

_____

70. Explique el propósito de aplicar una crema base más clara a una frente baja.

_____

71. Explique el propósito de aplicar una crema base más oscura a una frente sobresaliente.

_____

_____

72. Explique la razón para aplicar una base más oscura en una nariz grande y una base más clara en las mejillas y en los laterales de la nariz.

_____

73. Explique el propósito de aplicar una base más clara hacia abajo, por el centro de una nariz corta y plana.

_____

74. Explique cómo minimizar una nariz ancha.

_____

75. Explique cómo corregir un mentón sobresaliente y una nariz recesiva.

_____

76. Explique cómo resaltar el mentón recesivo (pequeño).

_____

77. Explique cómo corregir el mentón doble hundido.

_____

_____

78. Explique por qué debe aplicar una base más oscura sobre la zona pesada de una mandíbula ancha.

_____

79. Explique cómo resaltar una mandíbula con un contorno estrecho.

_____

80. Explique el propósito de aplicar una base más oscura sobre la zona prominente del contorno de la mandíbula de una cara redonda, cuadrada o triangular.

_____

81. Explique cómo debe hacer para que el cuello corto y grueso presente un aspecto más delgado.

_____

82. Explique por qué, en un cuello largo y delgado debe aplicar una base más clara que la que se utilizó en la cara.

_____

83. Explique cómo alargar los ojos redondos.

_____

84. Explique cómo corregir los ojos juntos.

_____

85. Explique cómo minimizar los ojos saltones.

_____

86. Explique cómo corregir los ojos con párpados gruesos.

_____

87. Explique cómo hacer para que los ojos pequeños aparenten ser mayores.

_____

88. Explique cómo corregir los ojos demasiado apartados.

_____

89. Explique cómo corregir los ojos muy hundidos.

_____

_____

90. Explique cómo corregir los círculos oscuros debajo de los ojos.

_____

EL EMPLEO DEL LÁPIZ DE CEJAS

91. Explique qué hacer cuando existan zonas en las cejas desprovistas de cabello.

_____

92. Explique qué hacer cuando el arco sea demasiado alto.

_____

93. Explique qué hacer cuando el arco sea demasiado bajo.

_____

94. Explique por qué debe evitar una línea demasiado fina o redonda cuando el cliente tiene una frente alta.

_____

95. Explique el efecto de un arco bajo sobre una frente muy baja. _____

96. Explique qué sucede cuando las líneas de las cejas se extienden hacia las esquinas interiores de los ojos.

_____

97. Explique cómo lograr que los ojos juntos aparenten estar más separados.

_____

98. Explique cómo hacer que una cara redonda aparente ser más estrecha. _____

99. Explique cómo hacer que una cara larga aparente ser más corta.

_____

100. Explique cómo compensar una frente estrecha.

_____

101. Explique cómo hacer que una cara cuadrada aparente ser más ovalada.

_____

102. Identifique qué sigue el arco natural de la ceja.

_____

103. Especifique qué se debe extraer para tener una apariencia ordenada y atractiva.

_____

104. Mencione dos alternativas para depilar a los clientes que no soportan el empleo de las pinzas.

a. _____   b. _____

105. Mencione los utensilios, consumibles y materiales necesarios para el arqueo de las cejas.

   a. _____   b. _____

   c. _____   d. _____

   e. _____   f. _____

   g. _____   h. _____

   I. _____

106. Mencione dos maneras de sentar al cliente.

   a. _____

   b. _____

107. Especifique de qué debe hablar con el cliente.

   _____

108. Mencione qué se utiliza para cubrir los ojos del cliente.

   _____

109. Explique el propósito de cepillar las cejas con un pincel pequeño.

   _____

110. Mencione qué se coloca sobre las cejas para suavizarlas.

   _____

111. ¿Cuánto tiempo debe permanecer esto (nº 110 anterior) sobre las cejas?

   _____

112. Describa cómo estirar la piel cuando está utilizando las pinzas.

   _____

113. Identifique la cantidad de cabellos que debe agarrar con las pinzas. _____

114. Describa la manera de tirar del cabello. _____

115. Explique cómo evitar la infección.

   _____

116. Explique por qué los cabellos entre las cejas y por encima de la línea de cejas se deben extraer en primer lugar.

   _____

117. Especifique la dirección en que debe peinar el cabello cuando extrae los que se encuentran encima de la línea de la ceja.

_____

118. Especifique la dirección en que debe peinar el cabello cuando extrae los de la parte inferior de la línea de la ceja.

_____

119. Explique cómo contraer la piel una vez finalizado el empleo de las pinzas.

_____

120. Especifique con cuánta frecuencia se deben tratar las cejas. _____

MAQUILLAJE CORRECTOR PARA LOS LABIOS

121. Describa las proporciones usuales de los labios.

_____

122. Mencione cuatro variedades de labios.

a. _____   b. _____

c. _____   d. _____

123. Cree la ilusión de mejores proporciones, con un lápiz rojo, en los labios de las ilustraciones.

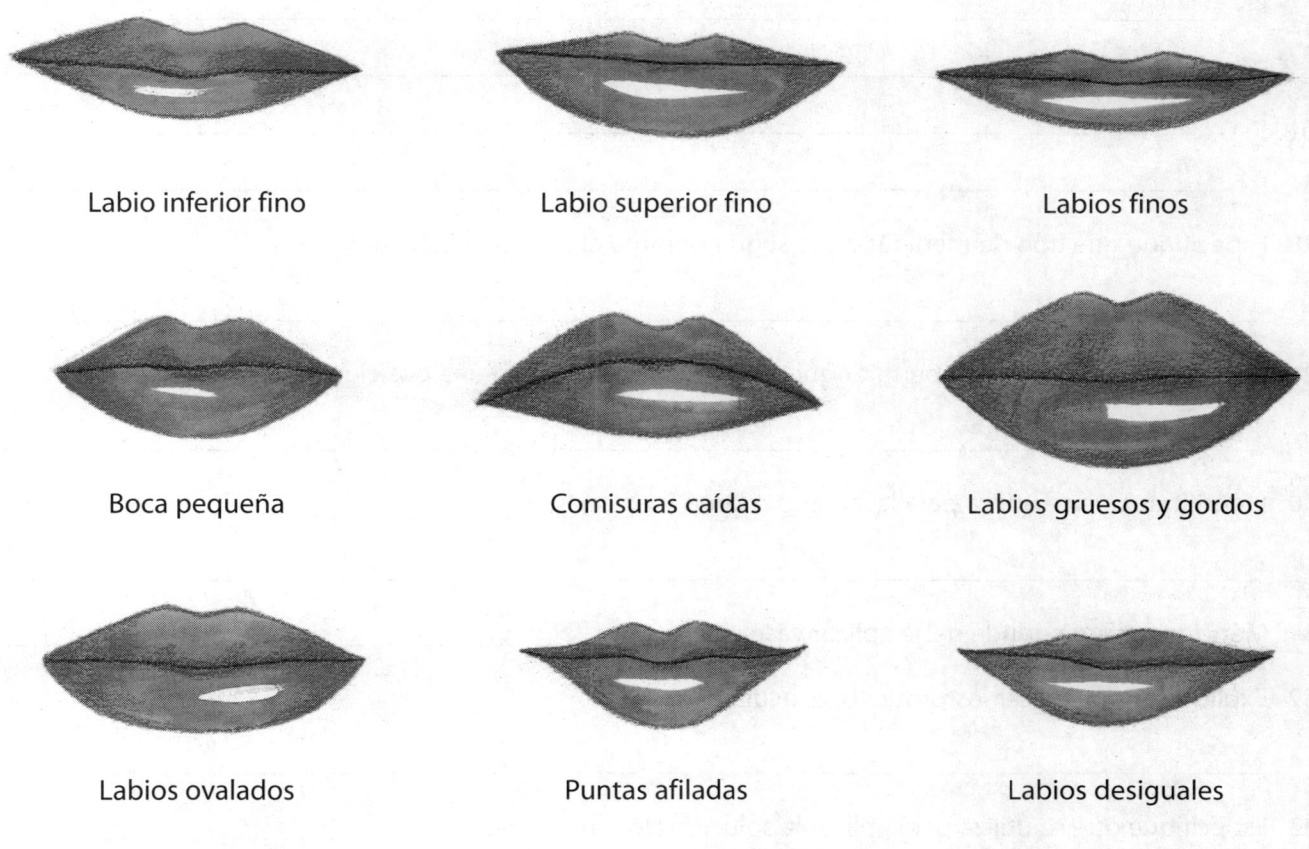

Labio inferior fino   Labio superior fino   Labios finos

Boca pequeña   Comisuras caídas   Labios gruesos y gordos

Labios ovalados   Puntas afiladas   Labios desiguales

TINTE DE PESTAÑA Y DE CEJA

124. Explique por qué nunca se debe utilizar un tinte derivado de la anilina para teñir las cejas o las pestañas.

_____

125. Explique cuándo debe utilizar color negro y cuándo color marrón.

_____

126. Explique qué debe seguir al aplicar el agente colorante.

_____

127. Mencione los materiales y utensilios necesarios para el tinte de pestañas y de ceja.

    a. _____

    b. _____

    c. _____

    d. _____

e. _____

f. _____

g. _____

h. _____

I. _____

128. Especifique qué tipo de medidas debe seguir durante el tinte de pestañas y cejas.

_____

129. Explique por qué no debe permitir que el cliente se coloque en una posición recta.

_____

130. Identifique qué se utiliza para lavar las pestañas y las cejas.

_____

131. Mencione el área donde debe aplicar vaselina. _____

132. Explique cómo aplicar los protectores oculares.

_____

133. Especifique qué se utiliza para aplicar la solución No. 1 en las pestañas. _____

134. Explique cómo eliminar la humedad excesiva. _____

135. Explique en qué parte de las pestañas se aplica la solución No. 1.

_____

136. Especifique con qué frecuencia debe humedecer las pestañas. _____

137. Explique cuándo debe utilizar un palillo aplicador nuevo. _____

138. Especifique cómo aplicar la solución No. 1 en las cejas.

_____

139. Explique qué sucede cuando se cambian las tapas de las botellas.

_____

140. Explique cómo aplicar la solución No. 2 en las pestañas y cejas.

_____

141. Explique qué debe hacer si la piel se mancha. _____

142. Explique cómo lavar las pestañas y las cejas después de extraer los protectores oculares.

    _____

143. Describa qué debe hacer a las cejas después de colocar almohadillas oculares sobre los párpados.

    _____

144. Describa qué debe hacer a las pestañas después de colocar un rollo pequeño de algodón debajo de ellas.

    _____

145. Mencione qué solución se utiliza para eliminar las manchas. _____

146. Especifique qué se utiliza para suavizar la piel. _____

147. Identifique qué se utiliza para lavar los ojos. _____

148. Mencione el paso final del procedimiento para el tinte de pestañas y cejas. _____

PESTAÑAS POSTIZAS

149. Mencione dos razones por las que un cliente puede desear utilizar pestañas postizas.

    a. _____

    b. _____

150. Mencione dos tipos básicos de pestañas postizas.

    a. _____

    b. _____

APLICACIÓN DE PESTAÑAS DE TIRA

151. Mencione tres materiales utilizados para elaborar pestañas de tira.

    a. _____   b. _____

    c. _____

152. Explique por qué las pestañas de fibras sintéticas no reaccionan a los cambios climáticos.

    _____

153. Mencione los dos colores preferidos de las pestañas de tira.

    a. _____   b. _____

154. Mencione el equipo, los utensilios y los materiales necesarios para aplicar las pestañas postizas.

a. _____

b. _____

c. _____

d. _____

e. _____

f. _____

g. _____

h. _____

i. _____

j. _____

k. _____

l. _____

m. _____

n. _____

o. _____

p. _____

155. Mencione el primer paso del procedimiento para aplicar las pestañas postizas.

_____

156. Mencione el segundo paso del procedimiento para aplicar las pestañas postizas.

_____

157. Describa cómo colocar al cliente para aplicarle las pestañas postizas.

_____

158. Explique qué debe evitar cuando ilumina la cara del cliente.

_____

159. Describa la manera de asegurarse que el adhesivo de pestañas se adhiera correctamente.

_____

160. Identifique qué debe quitar al cliente antes de comenzar el procedimiento. _____

161. Mencione el propósito de cepillar las pestañas del cliente.

_____

162. Describa lo que puede hacer si las pestañas son rectas antes de colocar las postizas.

_____

163. Mencione dos cosas de las que tiene que hablar al cliente antes de comenzar con la aplicación.

    a. _____

    b. _____

164. Describa la posición en la que debe trabajar el cosmetólogo cuando aplica las pestañas postizas.

_____

165. Especifique qué debe respetar durante la aplicación de las pestañas postizas.

_____

166. Explique por qué puede ser necesario cortar el borde exterior de la pestaña superior.

_____

167. Describa cómo hacer la pestaña de tira más flexible para que se ajuste al contorno el párpado.

_____

168. Explique cómo separar los pelos cabellos de las pestañas para crear un aspecto más natural.

_____

169. Describa la cantidad de adhesivo de pestaña que debe aplicar en la base de la pestaña. _____

170. Explique dónde debe aplicar la parte más corta (interior) de la pestaña. _____

171. Describa dónde colocar el resto de la pestaña.

_____

172. Especifique qué se utiliza para presionar la pestaña. _____

173. Explique qué hacer si es necesario utilizar delineador.

_____

_____

174. Describa la manera de colocar la pestaña inferior. _____

175. Identifique dónde debe colocar la pestaña inferior. _____

176. Especifique dónde debe colocar la pestaña más larga. _____

177. Mencione dos cosas que aflojan las pestañas postizas.

a. _____

b. _____

EXTRACCIÓN DE LAS PESTAÑAS POSTIZAS DE TIRA

178. Describa una preparación comercial que puede utilizarse para extraer pestañas postizas de tira.

_____

179. Describa una manera de suavizar la base de la pestaña.

_____

180. Especifique cuánto tiempo debe sostener la almohadilla o trapo sobre los ojo para suavizar el adhesivo.

_____

181. Identifique por qué esquina de la línea de la pestaña debe comenzar a despegar la pestaña postiza.

_____

182. Explique cómo puede evitar arrancar las pestañas naturales del cliente. _____

APLICACIÓN DE PESTAÑAS INDIVIDUALES SEMIPERMANENTES

183. Defina pestañas semipermanentes.

_____

184. Explique por qué se utilizan fibras sintéticas para la fabricación de pestañas postizas.

_____

185. Describa cómo se fijan las pestañas sintéticas.

_____

186. Explique por qué las pestañas sintéticas se conocen como "pestañas semipermanentes."

_____

187. Explique por qué las pestañas postizas se deben rellenar mediante visitas periódicas al salón de belleza.

_____

188. Mencione los materiales necesarios para aplicar las pestañas individuales.

a. _____   b. _____

c. _____   d. _____

e. _____   f. _____

g. _____   h. _____

i. _____   j. _____

k. _____   l. _____

m. _____   n. _____

o. _____   p. _____

q. _____   r. _____

189. Explique por qué lo más adecuado es hacer una prueba de alergia al cliente antes de aplicar las pestañas. _____

_____

190. Describa dos métodos para realizarla prueba de alergia.

a. _____

b. _____

191. Explique la manera de determinar si puede proseguirse con la aplicación con toda seguridad.

_____

192. Mencione tres longitudes de pestañas postizas.

a. _____   b. _____

c. _____   d. _____

193. Describa cómo crear un efecto natural con las pestañas postizas.

_____

194. Describa cómo crear un efecto muy elegante con las pestañas postizas.

_____

195. Describa cómo crear un efecto muy atractivo o exclusivo con las pestañas postizas.

_____

196. Describa cómo crear efectos especiales con las pestañas postizas.

_____

197. Especifique qué debe hacer el cosmetólogo antes de comenzar con la aplicación de las pestañas postizas.

_____

198. Describa cómo colocar al cliente para aplicarle las pestañas postizas.

_____

199. Describa cómo iluminar la cara del cliente.

_____

200. Explique por qué el adhesivo no podria pegar correctamente.

_____

201. Mencione dos razones para cepillar las pestañas del cliente.

a. _____

b. _____

202. Describa el efecto que las pestañas postizas pueden lograr.

_____

203. Describa la posición en la que debe trabajar el cosmetólogo cuando aplica las pestañas postizas.

_____

204. Explique por qué sólo se debe utilizar una pequeña cantidad de adhesivo para cada pestaña.

_____

205. Identifique qué se utiliza para extraer la pestaña de la bandeja. _____

206. Describa cómo sujetar la pestaña. _____

207. Especifique cuándo desplazar la pinza más allá del centro de la pestaña.

_____

208. Explique cómo aplicar adhesivo a la pestaña individual.

_____

209. Explique qué debe hacer si recoge demasiado adhesivo. _____

210. Explique qué hacer si la pestaña aplicada en el centro del párpado toca las gafas del cliente.

_____

211. Describa el ángulo en que la pestaña se sujeta con las pinzas.

_____

212. Especifique por dónde los cosmetólogos diestros deben comenzar a aplicar las pestañas.

_____

213. Especifique por dónde los cosmetólogos zordos deben comenzar a aplicar las pestañas.

_____

214. Explique cómo dar una apariencia de crecimiento gradual más natural a las pestañas.

_____

215. Identifique en qué lado de la pestaña natural del cliente se aplica adhesivo. _____

216. Especifique en qué parte de la pestaña natural se pasa adhesivo.

_____

217. Describa cómo se coloca la pestaña individual sobre la pestaña natural.

_____

218. Identifique de qué se deben mantener libres las pinzas para obtener un rendimiento eficaz. _____

219. Explique el propósito de extender suavemente el párpado de manera que quede firme.

_____

220. Explique cómo prevenir que los párpados se peguen cuando se fijan las pestañas en las esquinas de los ojos.

_____

_____

221. Describa la posición en la que debe trabajar el cosmetólogo cuando aplica las pestañas inferiores.

_____

222. Describa cómo debe colocar los ojos el cliente para aplicarle las pestañas inferiores.

_____

223. Especifique el tamaño de las pestañas que se aplican en el párpado inferior. _____

224. Explique cómo aplicar adhesivo a la pestaña inferior. _____

225. Explique por qué el cliente debe mantener los ojos abiertos durante unos segundos adicionales.

_____

226. Explique la razón para utilizar más adhesivo para colocar las pestañas inferiores.

_____

227. Explique por qué las pestañas inferiores no duran tanto como las superiores.

_____

PRECAUCIONES DE SEGURIDAD

228. Mencione las precauciones de seguridad asociadas con la aplicación de maquillaje y de pestañas postizas.

a. _____

b. _____

c. _____

d. _____

e. _____

f. _____

g. _____

h. _____

i. _____

j. _____

k. _____

l. _____

m. _____

n. _____

o. _____

REVISIÓN DE VOCABULARIO

ajuste al contorno	complemento	pestañas semipermanentes
armonizar	corrector	pinzas
arqueo	depilatoria	resaltar
artificial	humidificador	sombra
astringente	limpiadora	tonalizador
base	órbita	traslúcido

PRUEBA DE CONCORDANCIA

Coloque el término o la frase correctos delante de cada definición.

armonía del color	pestaña semipermanente	sombra
astringente	prueba de alergia	tinte de pestaña y de ceja
crema base	refrescante de la piel	
humidificador	resaltar	

1. _____ técnica en la que se fijan pestañas sintéticas e individuales en las propias pestañas del cliente

2. _____ efecto producido cuando la base utilizada es más oscura que el color original

3. _____ loción que se aplica a la piel seca después de la limpieza

4. _____ procedimiento para determinar si un cliente es sensible al adhesivo de las pestañas postizas

5. _____ efecto logrado cuando los tonos del maquillaje favorecen los ojos, el cabello o la piel del cliente

6. _____ loción que se aplica a la piel seca y delicada antes de la base

7. _____ producto que se utiliza para ocultar las líneas de envejecimiento y las arrugas provocadas por la piel seca.

8. _____ efecto que se produce al utilizar una sombra más ligera que el color de base original utilizado.

9. _____ loción que se aplica a la piel grasa después de la limpieza

10. _____ agente colorante inocuo para pestañas y cejas

PRUEBA DE REVISIÓN RÁPIDO

Coloque la palabra en el espacio libre de cada una de las oraciones.

adhesivo	envase	prominente
ceguera	espátula	resaltado
cejas	esquina	resaltador
centro	labio	rizo
colorete	manos	ropa
complemento	más oscura	sobre
delineador	órbita	sombreado
demarcación	oxidación	uñas

1. Los cosméticos se deben extraer de los envases con una _____ o un aplicador de cosméticos.

2. Para asegurar una aplicación más duradera de las pestañas inferiores, se necesita más _____ que para aplicar las superiores

3. Cuando se utilizan dos sombras como base, es necesario tener cuidado al mezclarlas para que no aparezcan líneas de _____.

4. Los ojos redondos se pueden alargar extendiendo la sombra más allá de la _____ exterior de los ojos.

5. El arco natural de la ceja sigue la línea curva de la _____.

6. Los cosmetólogos pueden evitar arañar la piel del cliente manteniendo las _____ suaves.

7. Un mentón doble hundido puede minimizarse aplicando una base _____ en la parte hundida.

8. El _____ se utiliza para hacer que los ojos aparezcan mayores y las pestañas parezcan más gruesas.

9. Si se cambian las tapas de botella de las soluciones del tinte de pestaña y ceja, empieza la _____ y los líquidos pierden su consistencia.

10. Se puede hacer que los ojos juntos aparezcan estar más separados ampliando la distancia entre las

_____.

11. Los razgos faciales estan enfatizados por _____ y minimizados por_____.

12. Las pestañas de fibras sintéticas se elaboran con un_____ permanente.

13. El color de los ojos debe hacer juego o ser un _____ de los ojos.

14. Utilizar un tinte derivado de la anilina para teñir las cejas o las pestañas puede provocar _____.

15. Los ojos saltones se pueden minimizar mezclando la sombra cuidadosamente sobre la parte_____ del párpado superior.

16. El color de labios no debe aplicarse al cliente directamente del _____.

17. Las pestañas individuales se aplican _____ las naturales.

18. Al aplicar el _____ no debe quedar formado un círculo brillante.

19. Una crema base _____ ayuda a ampliar la frente entre las cejas y la línea de crecimiento del cabello.

20. Los cosmetólogos debe esterilizar y lavar las _____ antes y después de cada aplicación de maquillaje

PRUEBA DE OPCIÓN MÚLTIPLE

Lea con detenimiento cada oración, luego escriba en el espacio libre de la derecha la letra que representa correctamente, la palabra o frase que completa la expresión.

1. El primer paso de la aplicación de un maquillaje profesional es aplicar:

   a) base
   c) crema o loción limpiadora
   b) maquillaje corrector
   d) loción astringente   _____

2. En las cejas y/o en las pestañas no se debe utilizar:

   a) rimel
   c) colorante derivado de la anilina
   b) adhesivo de pestañas
   d) tinte derivado de la anilina   _____

3. El propósito del maquillaje corrector para la cara en forma de diamante es reducir la anchura entre:

   a) la frente
   c) los pómulos
   b) las sienes
   d) la mandíbula   _____

4. Cuando se extraen los cabellos de la parte inferior de la línea de la ceja, estos se peinan:

   a) hacia arriba
   c) hacia el lado derecho
   b) hacia abajo
   d) hacia el lado izquierdo   _____

5. Inmediatamente después de una aplicación de maquillaje, los lápices o aplicadores utilizados deben:

   a) enjuagarse
   c) higienizarse
   b) lavarse
   d) desecharse   _____

6. Extender la sombra ligeramente encima, más allá y por debajo de los ojos hace que los ojos parezcan:

   a) más pequeños
   c) más juntos
   b) más grandes
   d) más saltones   _____

7. Las grasas naturales de los párpados tienden a disolver:

   a) las pestañas postizas
   c) el adhesivo de pestañas
   b) el rimel
   d) el lápiz de cejas   _____

8. El color de la base se prueba mezclándola en una parte de la cara del cliente, ¿cuál?

   a) la frente

   b) la nariz

   c) las mejillas

   d) la mandíbula

   _____

9. Cuando se depilan las cejas, se evita la infección aplicando:

   a) un antiséptico

   b) un humidificador

   c) un estíptico

   d) un tinte de cejas

   _____

10. La forma de cara que se considera ideal es la:

    a) redonda

    b) cara en forma de diamante

    c) cara en forma de pera

    d) ovalada

    _____

11. Las pestañas individuales duran aproximadamente:

    a) 6 a 8 horas

    b) 6 a 8 días

    c) 6 a 8 semanas

    d) 6 a 8 meses

    _____

12. Para aplicar el tinte de pestaña y ceja, le cliente debe estar:

    a) parado

    b) sentado en una posición derecha

    c) parcialmente reclinado

    d) acostado en una posición derecha

    _____

13. Puede presionarse una esponja cosmética humedecida sobre el maquillaje acabado para dar a la cara:

    a) un aspecto brillante

    b) un aspecto mate

    c) un aspecto radiante

    d) un aspecto lustroso

    _____

14. Puede proseguirse con la aplicación de las pestañas postizas si no se produce ninguna reacción de la prueba de alergia en un plazo de:

    a) 6 horas

    b) 12 horas

    c) 18 horas

    d) 24 horas

    _____

15. Los cabellos entre las cejas y por encima de la línea de las cejas se deben extraer en primer lugar, ya que la zona bajo la línea de las cejas es mucho más:

    a) poblada

    b) relajada

    c) grasa

    d) sensible

    _____

16. Después de la aplicación del color del labios, se deben secar con:

    a) pañuelos de papel

    b) algodón

    c) una toalla

    d) un paño

    _____

17. Los cosmetólogos deben proteger los ojos del cliente con protectores oculares cuando aplican:

    a) maquillaje de ojos

    b) tinte de pestaña y de ceja

    c) pestañas artificiales de tira

    d) pestañas individuales

    _____

18. El lápiz de cejas se aplica con pases:

    a) enérgicos

    b) lentos

    c) extremadamente ligeros

    d) oscuros y ligeros

    _____

19. Las pestañas individuales se aplican con:

    a) los dedos

    b) una espátula

    c) un palillo con punta de algodón

    d) una pinza

    _____

20. Las cejas demasiado delgadas y demasiado redondas dan al cliente:

   a) un aspecto triste
   b) un aspecto serio
   c) un aspecto sorprendido
   d) un aspecto cansado _____

21. La cara rectangular es:

   a) corta y estrecha
   b) larga y estrecha
   c) corta y ancha
   d) larga y ancha _____

22. Cuando se aplican las pestañas postizas, para impedir que los párpados se peguen, debe separar las pestañas superiores e inferiores durante:

   a) un segundo
   b) varios segundos
   c) varios minutos
   d) varias horas _____

23. Empolvar los labios después del color elimina:

   a) el aspecto seco
   b) el aspecto agrietado
   c) el aspecto endurecido
   d) el aspecto húmedo _____

24. Debe proteger el cabello y la ropa del cliente durante la aplicación del maquillaje con:

   a) un limpiador
   b) un turbante
   c) un humidificante
   d) un cobertor _____

25. Durante el arqueo de las cejas, los cabellos se agarran individualmente con las pinzas y se tiran con un:

   a) movimiento rápido
   b) movimiento vacilante
   c) un movimiento espasmódico
   d) un movimiento lento _____

26. Cuando el tinte de pestaña y ceja mancha la piel, debe eliminarse inmediatamente con:

   a) un aclarador de cabello
   b) quitamanchas
   c) refrescante de la piel
   d) loción humidificadora _____

27. Debe colocar las toallas, pañuelos y gorros de maquillaje en el envase adecuado hasta que se puedan lavar y:

   a) enjuagar
   b) secar
   c) planchar
   d) esterilizar _____

28. Cuando se trabaja con pestañas postizas o con tinte de pestaña y de ceja, es necesario seguir las instrucciones de:

   a) el cliente
   b) el fabricante
   c) un cosmetólogo con más experiencia
   d) el dueño del salón de belleza _____

29. Las cejas deben depilarse aproximadamente una vez:

   a) al día
   b) a la semana
   c) al mes
   d) al año _____

30. Generalmente, los labios están proporcionados de manera que la curva o picos del labio superior caen directamente en línea con:

   a) el mentón
   b) los dientes superiores
   c) los orificios nasales
   d) el puente de la nariz _____

Véase también *Milady's. Libro de ejercicios teóricos.*

21

LA PIEL Y SUS TRASTORNOS

Véase *Milady's. Libro de ejercicios teóricos.*

22

ELIMINACIÓN DEL CABELLO NO DESEADO

Fecha _____

Calificación _____

Texto de las páginas 553-564

Aspecto a considerar

"La casualidad favorece a la mente preparada." — Louis Pasteur

TRATAMIENTO

1. Mencione el equipo, los utensilios y los materiales necesarios para el tratamiento de termólisis.

a. _____

b. _____

c. _____

d. _____

e. _____

f. _____

g. _____

h. _____

i. _____

j. _____

k. _____

l. _____

m. _____

n. _____

o. _____

p. _____

q. _____

2. Mencione otro nombre para el epilador por termólisis.

_____

3. Mencione los nueve sistemas de control que todos los epiladores por termólisis tienen en común.

a. _____   b. _____

c. _____   d. _____

e. _____   f. _____

g. _____   h. _____

i. _____

4. Mencione las innovaciones que algunos fabricantes han añadido a los sistemas de control de las máquinas.

a. _____

b. _____

5. Explique por qué se aconseja seguir el manual de instrucciones que proporciona cada fabricante.

_____

6. Especifique qué debe ser lo más importante para el electrólogo.

_____

7. Explique por qué la comodidad del electrólogo también es importante.

_____

PROCEDIMIENTO DE LA TERMÓLISIS

8. Mencione los 12 pasos necesarios del procedimiento de la termólisis.

a. _____

b. _____

c. _____

d. _____

e. _____

f. _____

g. _____

h. _____

i. _____

j. _____

k. _____

l. _____

9. Identifique cuál es la técnica más importante del tratamiento de electrología.

   _____

   _____

10. Explique a qué corresponde el tamaño de la aguja.

   _____

11. Describa cómo sostener el soporte de la aguja.

   _____

12. Explique de qué depende el ángulo en el que se inserta la aguja.

   _____

13. Describa cómo insertar la aguja en el caso de un cabello que crece recto.

   _____

14. Explique qué hacer cuando existe una cantidad excesiva de cabellos y estos son largos.

   _____

15. Identifique qué se utiliza para extraer el cabello con suavidad. _____

16. Explique qué debe hacer una vez que se apague la corriente.

   _____

17. Describa cómo sostener el soporte de la aguja y la pinza. _____

18. Explique cómo sostener la zona de tratamiento.

   _____

   _____

19. Identifique las cuatro capacidades que debe desarrollar para aumentar la eficiencia del tratamiento.

   a. _____   b. _____

   c. _____   d. _____

20. Especifique qué debe hacer una vez finalizado el tratamiento.

   _____

21. Describa cómo suavizar la piel y ayudar al proceso de curación.

   _____

   _____

AFEITADO

22. Explique cuándo se recomienda el afeitado. _____

23. Mencione dos zonas que se afeitan con frecuencia.

    a. _____   b. _____

24. Especifique qué se aplica antes del afeitado. _____

25. Identifique un instrumento que también se utiliza para el afeitado. _____

26. Explique cómo reducir la irritación de la piel. _____

27. Especifique para qué propósito se utiliza con frecuencia la maquinilla eléctrica.

    _____

28. Explique por qué el afeitado sólo aparenta hacer que el cabello crezca con más vigor y grosor.

    _____

UTILIZACIÓN DE LAS PINZAS

29. Mencione dos usos comunes de las pinzas.

    a. _____

    b. _____

MÉTODO DE ELIMINACIÓN DE CABELLOS CON PINZAS ELECTRÓNICAS

30. Mencione otro método para la eliminación del cabello no deseado que se utiliza en los salones de belleza.

    _____

31. Describa por dónde se transmite la energía de radiofrecuencia.

    _____

32. Explique que le sucede (supuestamente) a la papila.

    _____

33. Especifique cuántos cabellos se agarran con la pinza. _____

34. Explique por qué se aplica la energía, en primer lugar, en un nivel bajo. _____

35. Explique por qué la energía se aplica, después, en un nivel más alto. _____

36. Explique qué aconsejan la mayoría de los fabricantes para incrementar la eficiencia.

_____

37. Mencione dos desventajas del empleo de las pinzas electrónicas.

   a. _____

   b. _____

MÉTODOS DEPILATORIOS

38. Mencione dos tipos de métodos depilatorios.

   a. _____

   b. _____

CERA CALIENTE

39. Mencione seis áreas del cuerpo en que puede aplicar cera caliente.

   a. _____   b. _____

   c. _____   d. _____

   e. _____   f. _____

40. Explique por qué no debe eliminar el vello (lanugo).

_____

41. Explique por qué el empleo de las pinzas y de la cera puede hacer que el cabello vuelva a salir con más fuerza.

_____

42. Mencione dos métodos para fundir la cera.

   a. _____   b. _____

43. Mencione qué se utiliza para lavar la piel. _____

44. Identifique qué se espolvorea sobre la piel después de enjuagarla y secarla. _____

45. Explique cómo probar la temperatura y consistencia de la cera caliente.

_____

46. Especifique qué se utiliza para repartir la cera caliente sobre la piel. _____

47. Describa la dirección en que debe repartir la cera caliente sorbe la piel.

_____

48. Explique cómo aplicar una venda esterilizada. _____

49. Describa cómo debe estar la cera antes de arrancarla. _____

50. Identifique la dirección en que debe arrancar la cera adherente.

_____

51. Mencione los tres pasos necesarios para completar el procedimiento.

a. _____

b. _____

c. _____

52. Explique qué debe hacer para impedir las quemaduras en la piel del cliente.

_____

53. Identifique el área con la que la cera no debe entrar en contacto. _____

54. Mencione seis áreas donde no debe aplicarse la cera depilatoria.

a. _____   b. _____

c. _____   d. _____

e. _____   f. _____

CERA FRÍA

55. Identifique qué pueden utilizar los clientes que no toleran el método de cera caliente. _____

56. Compare la cera fría con la cera caliente.

_____

_____

57. Identifique la temperatura de la cera fría al momento de aplicarse. _____

58. Explique la manera de distribuir una capa delgada de cera.

_____

59. Describa la manera de adherir la cera a una tira de celofán o de tejido de algodón.

_____

60. Describa cómo sujetar la piel para arrancar la tira de cera. _____

61. Especifique el tipo de movimiento necesario para arrancar la tira de cera. _____

62. Mencione la dirección en que debe arrancar la tira de cera.

_____

PRODUCTOS DEPILATORIOS QUÍMICOS

63. Mencione las tres formas en que se presentan los productos depilatorios químicos.

a. _____ b. _____

c. _____

64. Mencione la zona en que estos productos se utilizan generalmente. _____

65. Explique el propósito de la prueba de piel.

_____

_____

66. Especifique el área donde se administra la prueba de piel. _____

67. Explique qué debe seguir cuando realiza una prueba de piel. _____

68. Especifique cuánto tiempo debe dejar el producto depilatorio en la piel. _____

69. Explique la manera de determinar si el producto depilatorio puede utilizarse con seguridad sobre una zona extensa de la piel.

_____

70. Describa cómo aplicar el producto depilatorio en crema. _____

71. Explique cómo mezclar el producto depilatorio en polvo. _____

72. Explique cómo aplicar el producto depilatorio después de limpiar y secar la piel.

_____

73. Describa cómo proteger la piel circundante. _____

74. Especifique cuánto tiempo debe dejar el producto depilatorio sobre el cabello. _____

75. Explique cómo el grosor del cabello determina el tiempo de procesado.

_____

76. Especifique la temperatura que debe tener el agua necesaria para lavar el producto depilatorio.

_____

77. Identifique qué debe aplicar a la piel después de secarla vigorosamente. _____

REVISIÓN DE VOCABULARIO

afeitado	epilador	pinzas electrónicas
cera caliente	extraer con pinzas	químicos
cera fría productos	físicos	termólisis
depilatorios	folículo	vello
electrología	onda corta	
electrólogo	papila	

PRUEBA DE CONCORDANCIA

Coloque el término o la frase correctos delante de cada definición.

afeitado	extraer con pinzas	prueba de piel
cera depilatoria	onda corta	químico depilatorio
electrólisis	pinzas electrónicas	

1. _____ método de depilación temporal que requiere la administración de una prueba de piel antes de utilizarse en una zona más extensa

2. _____ método de depilación temporal que generalmente se utiliza para dar forma a las cejas

3. _____ método de depilación permanente

4. _____ procedimiento que determina si una persona es sensible a un producto determinado

5. _____ método de depilación temporal recomendado para axilas y piernas

6. _____ otra denominación para termólisis

7. _____ método de depilación temporal con el que se aplica cera fría o caliente

8. _____ método de depilación temporal que transmite energía de radiofrecuencia por toda la longitud del cabello, hasta la zona del folículo

PRUEBA DE REVISIÓN RÁPIDO

Coloque la palabra en el espacio libre de cada una de las oraciones.

aguja	fabricante	misma	producto
ángulo	físicos	opuesta	resistencia
cabello	folículo	papila	soporte
caliente	fría	pasta	tira
enrojecimiento	lento	piel	
epiladores	maquinilla	pinzas	

1. Debido a las variaciones de los epiladores por termólisis, se recomienda a los electrólogos leer el manual de instrucciones que proporciona cada _____

2. La cera depilatoria se aplica en la piel en la _____dirección del crecimiento del cabello.

3. El químico depilatorio en polvo se mezcla con agua para formar una _____ uniforme.

4. En la electrólisis, el diámetro del cabello bajo tratamiento corresponde al tamaño de la _____.

5. La cera depilatoria fría y caliente son métodos depilatorios _____.

6. Se afirma que, con el método de pinzas electrónicas, se deshidrata y acaba por destruirse la _____.

7. La aplicación de una loción para antes del afeitado ayuda a reducir una posible irritación producida por una _____ eléctrica.

8. Todos los _____ por termólisis poseen los mismos sistemas de control.

9. Mientras más grueso sea el cabello, más deberá permanecer el _____ depilatorio sobre éste.

10. En la electrólisis, el ángulo en el que se inserta la aguja depende del _____ en el que crece el cabello.

11. Se espolvorea talco sobre la piel antes de aplicar cera _____.

12. Para incrementar la eficiencia al utilizar _____ electrónicas se vaporiza la zona a tratar.

13. El afeitado no hace que el _____ crezca con más vigor y grosor.

14. Se puede utilizar un método depilatorio químico con seguridad si la piel no muestra señales de _____ o de inflamación.

15. Después de aplicar cera fría o caliente, se presiona una _____ de algodón sobre la cera.

16. Cuando un cabello crece recto, la aguja de termólisis se inserta en una dirección recta dentro del _____.

17. El proceso de depilación con pinzas electrónicas es _____.

18. En la termólisis, la aguja se inserta hasta que se percibe una ligera _____.

19. La cera depilatoria se arranca de la piel en dirección _____ al crecimiento del cabello.

20. En la electrólisis, el _____ de la aguja se sostiene como si se tratase de un bolígrafo o un lápiz.

PRUEBA DE OPCIÓN MÚLTIPLE

Lea con detenimiento cada oración, luego escriba en el espacio libre de la derecha la letra que representa correctamente, la palabra o frase que completa la expresión.

1. La técnica más importante del tratamiento de electrología es:

   a) la manera de sostener la aguja
   c) insertar la aguja en el folículo
   b) controlar el temporizador
   d) determinar el tamaño de la aguja   _____

2. El empleo de cera y de las pinzas puede estimular la circulación e incrementa:

   a) la tonificación muscular
   c) el número de glándulas sudoríferas
   b) el riego sanguíneo
   d) el número de glándulas sebáceas   _____

3. Cuando se utiliza un producto depilatorio químico, la piel circundante se protege con:

   a) loción astringente
   c) vaselina o crema
   b) alcohol
   d) loción para antes del afeitado   _____

4. Una pinza electrónica se utiliza generalmente para depilar:

   a) la nuca
   c) las mejillas
   b) la frente
   d) las cejas   _____

5. Quitar el vello (lanugo) puede hacer que la piel pierda su:

   a) suavidad
   c) color
   b) elasticidad
   d) células grasas   _____

6. Una vez finalizado el tratamiento de electrólisis y para ayudar al proceso de curación de la piel, se aplica:

   a) alcohol
   c) una loción postoperatoria
   b) agua oxigenada
   d) una loción para antes del afeitado   _____

7. La cera fría quita el cabello de la misma manera que:

   a) el afeitado
   c) la depilación química
   b) las pinzas
   d) la cera caliente   _____

8. Para ver el ángulo de crecimiento del cabello con más claridad, el electrólogo puede hacer algo al cabello largo o espeso, ¿qué es?

   a) lavarlo
   c) cortarlo
   b) secarlo con secador
   d) afeitarlo   _____

9. El mejor método para extraer los cabellos no deseados que circundan la boca y el mentón es:

   a) la utilización de pinzas
   c) quemando las puntas del cabello
   b) la utilización de una maquinilla eléctrica
   d) el afeitado   _____

10. Los productos depilatorios químicos se dejan en el cabello durante:

    a) 1 a 3 minutos
    b) 5 a 10 minutos
    c) 15 a 20 minutos
    d) 25 a 30 minutos   _____

11. Antes de un tratamiento de termólisis, las agujas y las pinzas:

    a) se secan
    b) se enjuagan
    c) se lavan
    d) se esterilizan   _____

12. No debe utilizarse cera en:

    a) el mentón
    b) el labio superior
    c) las piernas
    d) la piel irritada o inflamada   _____

13. El afeitado despunta las puntas del cabello, haciéndolas:

    a) aparecer más firmes
    b) aparecer más suaves
    c) perder color
    d) perder elasticidad   _____

14. Antes de una depilación química se realiza una prueba de piel:

    a) detrás de la oreja
    b) en el labio superior
    c) en una zona de la mejilla sin cabello
    d) en una zona sin cabello del brazo   _____

15. La cera se quita de la piel:

    a) quitando los pedazos
    b) derritiendo la cera
    c) arrancando la cera lentamente
    d) arrancando la cera rápidamente   _____

Véase también *Milady's. Libro de ejercicios teóricos.*

23

CELULAS, ANATOMÍA Y FISIOLOGÍA

Véase *Milady's. Libro de ejercicios teóricos.*

24

ELECTRICIDAD Y FOTOTERAPIA

Véase *Milady's. Libro de ejercicios teóricos.*

25

QUÍMICA

Véase *Milady's. Libro de ejercicios teóricos.*

26

LA NEGOCIO DEL SALÓN DE BELLEZA

Véase *Milady's. Libro de ejercicios teóricos.*